W0034848

Edith Stein

Wie ich in den Kölner Karmel kam

Mit Erläuterungen und Ergänzungen
von Maria Amata Neyer

echter

Die Deutsche Bibliothek – CIP-Einheitsaufnahme

Wie ich in den Kölner Karmel kam / Edith Stein. Mit Erl. und
Erg. von Maria Amata Neyer. – Würzburg : Echter, 1994
  ISBN 3-429-01580-4
NE: Stein, Edith; Neyer, Maria Amata

Inhalt

Von Edith Stein zu Teresia Benedicta a Cruce

Zur Einführung

»Ich bin jetzt an dem Ort, an den ich längst gehörte«, schrieb Edith Stein kurz nach ihrem Eintritt in den Kölner Karmel. Wir erfahren aus ihren Aufzeichnungen, wie deutlich sie bereits bei ihrer Aufnahme in die katholische Kirche den Karmel als späteres Ziel vor Augen hatte.

Freilich schien der Gang ihres Lebens immer wieder darauf hinzudeuten, daß sie auf die Verwirklichung ihres Wunsches würde verzichten müssen. Daher hatte sie in Speyer und in Münster versucht, ihren Tageslauf der klösterlichen Lebensweise soweit anzugleichen, wie es unter den gegebenen Umständen möglich war. Manche ihrer Bemerkungen weisen darauf hin, daß sie diese Lebensart als eigene geistliche Berufung auffaßte, gleichsam als einen dritten Weg neben dem Ordensleben und dem Leben in sakramentaler Ehe. Um den Tag völlig zwischen Gebet und Arbeit aufteilen zu können, hatte sie sich von gesellschaftlichen Gepflogenheiten weitgehend zurückgezogen – und dafür nicht überall Verständnis gefunden. Aber es war *ihr* Weg.

Es ist ein Thema, das sie in Vorträgen wiederholt angeschnitten hat, bei dessen Ausführung autobiographische Züge sichtbar werden. Wird ein Mensch, so lesen wir etwa, von der angestrebten Lebensbahn ferngehalten und in eine ganz andere hineingeworfen, so hat er die gnadenhafte Möglichkeit, das ihm Auferlegte »zur Sache der eigenen Wahl« zu machen. Und wenn dies keine Flucht in eine illusionäre Welt ist, sondern freie, aus dem eigenen Innersten aufsteigende Zustimmung, dann ist er nicht dem Zwang der Verhältnisse sinnlos ausgeliefert, sondern er folgt einer Berufung, die sich ihm »Schritt für Schritt« enthüllt.

Das ihr Vorgegebene zu ergreifen, es im Glauben zu deuten und in Freiheit zu gestalten, das war Edith Steins Weise, »an der Hand des Herrn zu leben«. Den Eintritt in den Karmel nennt sie einen Plan, den sie lange in sich trug und der »durch die Zeitverhältnisse zur Reife« kam. Denn es ist nicht so, daß Gott unmittelbar zum Menschen spräche. Vielmehr gibt es »eine ganze Reihe von Wegen, auf denen der Ruf zu uns gelangt«.

Als Grundlage der Berufung nennt Edith Stein die Begabung im weitesten Sinn des Wortes: das Gesamt der Gaben, Fähigkeiten und Neigungen, die ein Mensch in sich trägt. Durch den Gang des Lebens kommt dieser »Vorentwurf« zur Ausformung, und durch neue Erkenntnisse, Erfahrungen und Begegnungen kann der Anruf Gottes sich verdeutlichen. Aus diesem scheinbaren Spiel des Schicksals weiß der gläubige Mensch Gottes Wirken zu erspüren. So war es bei Edith Stein.

Sie hat die letzten sieben Monate vor ihrem Eintritt in den Orden selbst geschildert. Es ist eine Handschrift von 42 Halbseiten, der sie die Überschrift gab: »Wie ich in den Kölner Karmel kam.« Über dieser Zeile bemerkt man die römische Ziffer I. Das deutet darauf hin, daß ein II. Teil beabsichtigt war. Er kam jedoch nicht zustande.

Im Folgenden ist Edith Steins Text wortgetreu wiedergegeben; lediglich die Gliederung in drei Abschnitte wurde von der Herausgeberin vorgenommen. Anschließend wird eine Darstellung der Kölner und Echter Klosterzeit Edith Steins versucht. Dieser Teil stammt von der Herausgeberin. Er stützt sich auf Edith Steins Briefe, auf Erinnerungen ihrer Mitschwestern und auf zahlreiche andere Archivdokumente.

Maria Amata Neyer OCD

Wie ich in den Kölner Karmel kam

Die Wegweisung
»... war mir ein anderer Weg gewiesen ...«

Vielleicht werde ich schon bald nach Weihnachten dieses Haus verlassen. Die Umstände, die uns genötigt haben, meine Versetzung nach Echt (Holland) einzuleiten, erinnern lebhaft an die Zeitverhältnisse bei meinem Eintritt. Es steht wohl ein innerer Zusammenhang dahinter.

Als zu Beginn des Jahres 1933 das »Dritte Reich« errichtet wurde, war ich seit etwa einem Jahr Dozentin am »Deutschen Institut für Wissenschaftliche Pädagogik« in Münster i.W. Ich lebte im »Collegium Marianum« mitten unter einer großen Zahl studierender Klosterfrauen der verschiedensten Ordensgenossenschaften und einer kleinen Gruppe anderer Studentinnen, liebevoll betreut von den Schwestern Unserer Lieben Frau.

An einem Abend der Fastenzeit kam ich von einer Veranstaltung des Katholischen Akademikerverbandes spät heim. Ich weiß nicht, ob ich den Hausschlüssel vergessen hatte oder ob von innen ein Schlüssel steckte. Jedenfalls konnte ich nicht ins Haus. Ich suchte durch Schellen und Klatschen jemanden ans Fenster zu locken, aber vergeblich. Die Studentinnen, die in den Zimmern nach der Straße hin wohnten, waren schon in den Ferien. Ein vorübergehender Herr fragte, ob er mir behilflich sein könnte. Als ich mich zu ihm wandte, machte er eine tiefe Verbeugung und sagte: »Frau Dr. Stein, ich erkenne Sie erst jetzt.« Es war ein katholischer Lehrer, der an einer Arbeitsgemeinschaft des Instituts teilnahm. Er entschuldigte sich für einen Augenblick, um seiner Frau Bescheid zu sagen, die schon mit einer anderen Dame vorausgegangen war. Er sprach ein paar Worte mit ihr und kehrte dann zu mir zurück. »Meine Frau ladet Sie herzlich ein, bei uns zu übernachten.« Das war

8

Das Collegium Marianum in Münster lag an der Ecke Frauenstraße/Krummer Timpen. Zur Zeit Edith Steins führten die Schwestern Unserer Lieben Frau das Hauswesen. Gründerin dieser Gemeinschaft ist die heilige Julie Billiart (1751–1816), die sich für die Bildung der Frauenjugend einsetzte. Das Marianum entstand 1899 als Lehranstalt und Wohnheim für Ordensfrauen, die dort die staatlich vorgeschriebenen wissenschaftlichen Fortbildungskurse für den Unterricht an höheren Schulen absolvierten.

Eingang Frauenstraße 5/6

9

Deutsches Institut für wissenschaftliche Pädagogik, Münster i. W.

Vorlesungsplan für das Sommer-Semester 1932.

(IV. Semester des 5. Führerkursus.)

A. Theoretische Pädagogik:

1. Univ.-Prof. D. Dr. J. P. Steffes: Die Kirche und ihre Ausstrahlung auf Kultur und Geschichte (Katholische Kultur- und Geschichtsphilosophie). Kolloquium. Alle 8 Tage. Mo. 5–6½ Uhr. Beginn: 18. April.
2. Univ.-Prof. Dr. B. Rosenmöller: Die Synthese der philosophischen Disziplinen im Rahmen der Bildungs- und Erziehungslehre. Alle 14 Tage. Mi. 3½–5 Uhr. 27. April, 11. und 25. Mai, 8. und 22. Juni, 6. und 20. Juli.
3. Dozent Dr. H. Brunnengräber: Systematische Pädagogik und Bildungslehre II. Teil (Fortsetzung). Alle 8 Tage. Mo. 3½–5 Uhr. Beginn: 18. April.
4. Dr. O. Opahle: Einzelprobleme der Didaktik. Übung. Alle 14 Tage. Mi. 3½–5 Uhr. 20. April, 4. Mai, 1. und 15. Juni, 13. und 27. Juli.
5. Dr. Edith Stein: Probleme der neueren Mädchenbildung. Alle 14 Tage. Sa. 6½–8 Uhr. 23. April, 7. Mai, 4. und 18. Juni, 2., 16. und 30. Juli (s. auch Vorlesungsplan für praktische Pädagogik).

Vorlesungsverzeichnis des Deutschen Instituts für wissenschaftliche Pädagogik, Münster i. W.

Winter-Semester 1932/33.

(I. Semester des 6. Führerkursus.)

A. Theoretische Pädagogik:

1. Univ.-Prof. D. Dr. J. P. Steffes: Die rationalen Grundlagen katholischer Weltanschauung und Religiosität mit besonderer Betonung des psychologisch-pädagogischen Gesichtspunktes. Kolloquium. Alle 8 Tage. Mo. 5–6½ Uhr. Beginn: 7. Nov.
2. Univ.-Prof. Dr. B. Rosenmöller: Das kath. Erziehungs- und Bildungsideal seine weltanschaulichen und metaphysischen Voraussetzungen. Vorlesung mit Kolloquium. Alle 14 Tage. Mi. 6½–8 Uhr. 9. u. 23. Nov., 7. u. 21. Dez., 18. Jan., 1. u. 15. Febr.
3. Dozent Dr. Brunnengräber: Einführung in die Erziehungswissenschaft. Vorlesung mit Kolloquium. Alle 14 Tage. Mo. 3½–5 Uhr. 7. u. 21. Nov., 5. u. 19. Dez., 16. u. 30. Jan., 13. u. 27. Febr.
4. Dozentin Dr. Edith Stein: Aufbau der menschlichen Person. Vorlesung. Alle 8 Tage. Sa. 3½–5 Uhr. Beginn 5. Nov.
5. Dr. O. Opahle: Die philosophischen Richtungen der Gegenwart in ihrem Verhältnis zu den Grundfragen der Pädagogik. Vorlesung mit Kolloquium. Alle 14 Tage. Mi. 5–6½ Uhr. 16. u. 30. Nov., 14. Dez., 11. u. 25 Jan., 8. u. 22. Febr.

Die Zeitschrift »Mädchenbildung auf christlicher Grundlage«, hrsg. vom Verein katholischer deutscher Lehrerinnen (Schöningh Verlag Paderborn 1932) zeigte in den Heften 8 und 17 die Vorlesungen Edith Steins an.

10

Gesamtansicht von Beuron, an der oberen Donau gelegene Benediktinerabtei. Im 11. Jahrhundert als Augustinerchorherrenstift gegründet, wurde sie 1803 aufgehoben, kam durch die Fürstin Catherine von Hohenzollern-Sigmaringen an den Benediktinerorden und wurde 1884 zur Erzabtei erhoben. 1918 wurde der kaum 30jährige P. Raphael Walzer zum vierten Erzabt gewählt. Raphael Walzer, Dr. phil. et theol., wurde am 27. 3. 1888 in Ravensburg geboren. In der Zeit des Nationalsozialismus mußte er ins Ausland fliehen; während des Krieges gab er in Algier und in Chartres Unterricht für deutsche Kriegsgefangene. Am 19. 7. 1966 starb er in der Abtei Neuburg bei Heidelberg und wurde in der Äbtegruft von Beuron bestattet.

11

eine gute Lösung; ich nahm dankend an. Sie führten mich in ein schlichtes Münsterer Bürgerhaus. Wir nahmen im Wohnzimmer Platz. Die freundliche Hausfrau stellte eine Schale mit Obst auf den Tisch und entfernte sich dann, um ein Zimmer für mich zu richten. Der Mann begann ein Gespräch und erzählte, was amerikanische Zeitungen von Greueltaten berichteten, die an Juden verübt worden seien. Es waren unverbürgte Nachrichten, ich will sie nicht wiederholen. Es kommt mir nur auf den Eindruck an, den ich an diesem Abend empfing. Ich hatte ja schon vorher von scharfen Maßnahmen gegen die Juden gehört. Aber jetzt ging mir auf einmal ein Licht auf, daß Gott wieder einmal schwer Seine Hand auf Sein Volk gelegt habe und daß das Schicksal dieses Volkes auch das meine war. Ich ließ den Mann, der mir gegenübersaß, nicht merken, was in mir vorging. Offenbar wußte er nichts von meiner Abstammung. Ich habe sonst in solchen Fällen meist sofort die entsprechende Aufklärung gegeben. Diesmal tat ich es nicht. Es wäre mir wie eine Verletzung des Gastrechts erschienen, wenn ich jetzt durch eine solche Mitteilung seine Nachtruhe gestört hätte.

Am Donnerstag der Passionswoche fuhr ich nach Beuron. Seit 1928 hatte ich dort alljährlich Karwoche und Ostern mitgefeiert und dabei still für mich Exerzitien gehalten. Diesmal führte mich noch ein besonderes Anliegen hin. Ich hatte in den letzten Wochen immerfort überlegt, ob ich nicht in der Judenfrage etwas tun könnte. Schließlich hatte ich den Plan gefaßt, nach Rom zu fahren und den Heiligen Vater in Privataudienz um eine Enzyklika zu bitten. Ich wollte aber einen solchen Schritt nicht eigenmächtig tun. Ich hatte schon vor Jahren die heiligen Gelübde privatim abgelegt. Seit ich in Beuron eine Art klösterliche Heimat gewonnen hatte, durfte ich in Erzabt Raphael »meinen Abt« sehen und ihm alle Fragen von Belang zur Entscheidung vorlegen. Allerdings war es noch nicht sicher, daß ich ihn antreffen würde. Er hatte Anfang Januar eine Reise nach Japan angetreten. Aber ich wußte, daß er alles tun würde, um zur Karwoche daheim zu sein.

Obwohl es meiner Natur entsprach, einen solchen äußeren Schritt zu unternehmen, fühlte ich doch, daß das noch nicht das »Eigentliche« sei. Worin aber das Eigentliche bestand, das wußte ich noch nicht. In Köln unterbrach ich die Fahrt von Donnerstag nachmittag bis Freitag früh. Ich hatte dort eine Katechumena, der ich bei jeder möglichen Gelegenheit etwas Zeit widmen mußte. Ich schrieb ihr, sie möchte sich erkundigen, wo wir abends die »Heilige Stunde« besuchen könnten. Es war der Vorabend des ersten Freitags im April,

12

Erzabt Raphael Walzer traf damals erste Vorbereitungen für eine Gründung in Japan (in Tonogaoka bei Tokyo). Abt Raphael reiste am 8. 1. 1933 von Beuron ab und traf am 7. 4. 1933 in der Abtei wieder ein, beide Male unter dem Geläute der Beuroner Glocken. Für Edith Stein war er viele Jahre hindurch ein kongenialer Gesprächspartner und geistlicher Berater. Auch vom Ausland aus stand er noch mit ihr in Verbindung, solange es möglich war.

Hedwig (Hede) Spiegel war die erwähnte Katechumena Edith Steins; sie wohnte mit ihrem Mann, dem Juristen Dr. Siegfried Spiegel, in Köln-Lindenthal, Uhlandstraße 15. Edith Stein und später auch ihre Freunde waren dort wiederholt zu Gast. – Hede Spiegel geb. Heß, war am 5. 7. 1900 in Walldorf/Baden geboren und lernte Edith Stein zu Fronleichnam 1925 in Speyer kennen. Erzabt Walzer hatte sie durch eine Bekannte an Edith Stein empfohlen. Das Ehepaar Spiegel emigrierte 1937 in die USA, kehrte aber später nach Deutschland zurück. Hede starb am 4. 2. 1981 in Heidelberg, ihr Mann am 31. 3. 1965 in Köln.

13

und in diesem »Heiligen Jahr« 1933 wurde an allen Orten das Gedächtnis des Leidens unseres Herrn besonders feierlich begangen. Um acht Uhr abends fanden wir uns zur Heiligen Stunde im Karmel Köln-Lindenthal ein. Ein Priester (Domvikar Wüsten, wie ich später erfuhr) hielt eine Ansprache und kündigte an, daß von nun an jeden Donnerstag diese Andacht hier gehalten werden sollte. Er sprach schön und ergreifend, aber mich beschäftigte etwas anderes tiefer als seine Worte. Ich sprach mit dem Heiland und sagte ihm, ich wüßte, daß es Sein Kreuz sei, das jetzt auf das jüdische Volk gelegt würde. Die meisten verstünden es nicht; aber die es verstünden, die müßten es im Namen aller bereitwillig auf sich nehmen. Ich wollte das tun, Er sollte mir nur zeigen wie. Als die Andacht zu Ende war, hatte ich die innere Gewißheit, daß ich erhört sei. Aber worin das Kreuztragen bestehen sollte, das wußte ich noch nicht.

Am nächsten Morgen fuhr ich nach Beuron weiter. Als ich abends in Immendingen umstieg, traf ich mit P. Aloys Mager zusammen. Wir fuhren die letzte Strecke zusammen. Bald nach der Begrüßung berichtete er als wichtigste Beuroner Neuigkeit: »Vater Erzabt ist heute früh wohlbehalten aus Japan zurückgekehrt.« So war auch das in Ordnung.

Meine Erkundigungen in Rom ergaben, daß ich wegen des großen Andrangs keine Aussicht auf eine Privataudienz hätte. Nur zu einer »kleinen Audienz« (d. h. im kleinen Kreise) könnte man mir verhelfen. Damit war mir nicht gedient. So verzichtete ich auf die Reise und trug mein Anliegen schriftlich vor. Ich weiß, daß mein Brief dem Heiligen Vater versiegelt übergeben worden ist; ich habe auch einige Zeit danach seinen Segen für mich und meine Angehörigen erhalten. Etwas anderes ist nicht erfolgt. Ich habe aber später oft gedacht, ob ihm nicht dieser Brief noch manchmal in den Sinn kommen mochte. Es hat sich nämlich in den folgenden Jahren Schritt für Schritt erfüllt, was ich damals für die Zukunft der Katholiken in Deutschland voraussagte.

Vor meiner Abreise fragte ich Vater Erzabt, was ich denn tun sollte, wenn ich meine Tätigkeit in Münster aufgeben müßte. Es war ihm ganz unmöglich zu denken, daß dies geschehen könnte. Auf der Fahrt nach Münster las ich einen Zeitungsbericht über eine große nationalsozialistische Lehrertagung, an der auch die konfessionellen Verbände hatten teilnehmen müssen. Es wurde mir klar, daß man im Erziehungswesen am allerwenigsten Einflüsse dulden würde, die der herrschenden Richtung entgegen wären. Das Institut, an dem ich arbeitete, war ein rein katholisches, vom Katholischen Lehrer- und Lehrerinnenverein

14

Hubert Wüsten, geboren am 29. 3. 1891 in Elberfeld, war seit 1926 Domvikar in Köln; er starb am 23. 2. 1962 als Pfarrer in Bad Honnef.

Aloys Mager OSB war Professor für Aszese und Mystik an der Theologischen Fakultät in Salzburg. Er war Mitbegründer der Salzburger Hochschulwochen. Gemeinsame Interessen verbanden ihn mit Edith Stein, mit der er wiederholt zum Gedankenaustausch zusammentraf. Er wurde am 21. 8. 1883 in Zimmern bei Rottweil geboren und starb am 26. 12. 1946 in Salzburg, gerade als er den Zug nach Beuron besteigen wollte.

Nr. 67. Die päpstliche Bulle zum Heiligen Jahre.

Verkündigung eines allgemeinen außerordentlichen Jubiläums zur 19. Jahrhundertfeier der Erlösung des Menschengeschlechtes.*

Pius, Bischof,
Diener der Diener Gottes,

entbietet allen Christgläubigen, die gegenwärtiges Schreiben lesen werden, Gruß und Apostolischen Segen!

Was Wir jüngst am Vorabend des Festes der Geburt Jesu Christi nicht nur dem hohen Kollegium der Kardinäle und allen um Uns zum Glückwunsch Versammelten, sondern auch der gesamten katholischen Welt angekündigt haben, das beeilen Wir Uns jetzt in die Tat umzusetzen, indem Wir ein außerordentliches Heiliges Jahr und ein allgemeines großes Jubiläum zur Feier des 19. Jahrhunderts der Vollendung der Erlösung des Menschengeschlechtes anordnen.

Anfangssätze der Bulle zum Heiligen Jahr 1933 in der Veröffentlichung des kirchlichen Anzeigers für die Erzdiözese Köln. Die Bulle ist unterzeichnet von den Kardinälen Pacelli, Frühwirth und Gasparri. – Das Heilige Jahr währte vom 2. April 1933 bis zum 2. April 1934. Es war der 1900. Wiederkehr des Todesjahres Jesu gewidmet und wurde vielerorts mit besonderer Feierlichkeit begangen.

16

Die Klosterkirche des Karmels in Köln-Lindenthal. Ganz rechts das geöffnete Gittertörchen, das durch den kleinen Vorgarten zur Klosterpforte führte.

*Seit dem 1. 3. 1933 war Edith Stein
Mitglied des Deutschen Instituts für
wissenschaftliche Pädagogik in
Münster. Es befand sich damals in der
Engelstraße 25. Das Institut wurde
1922 auf Anregung von Maria
Schmitz, der ersten Vorsitzenden des
Vereins katholischer deutscher Lehre-
rinnen, gegründet und stand in der
Trägerschaft dieses Vereins und des
Katholischen Lehrerverbandes. Ma-
ria Schmitz (geboren am 5. 2. 1875
in Aachen; 1919/20 Mitglied der
Deutschen Nationalversammlung)
hatte die Berufung Edith Steins als
Dozentin an das Institut veranlaßt.
Sie starb am 9. 7. 1962 in Essen.*

17

mitbegründet und -unterhalten. So waren wohl seine Tage gezählt. Erst recht mußte ich mit dem Ende meiner kurzen Dozentenlaufbahn rechnen.

Am 19. April kam ich nach Münster zurück; am nächsten Tage ging ich ins Institut. Der Direktor war auf einer Ferienreise in Griechenland. Der Geschäftsführer, ein katholischer Lehrer, führte mich in sein Arbeitszimmer und klagte mir sein Leid. Seit Wochen mußte er aufregende Verhandlungen führen und war schon ganz zermürbt. »Denken Sie, Frau Doktor, es war auch schon jemand hier und hat gesagt: Frau Dr. Stein wird doch wohl nicht etwa noch weiter Vorlesungen halten?« Es wäre wohl am besten, wenn ich für diesen Sommer darauf verzichtete, Vorlesungen anzukündigen und still im Marianum arbeiten würde. Bis zum Herbst hätte sich die Lage geklärt, das Institut würde vielleicht von der Kirche übernommen, dann stünde meiner Mitarbeit nichts mehr im Wege. Ich nahm die Mitteilung sehr ruhig entgegen. Auf die Vertröstung gab ich nichts. »Wenn es hier nicht mehr geht«, sagte ich, »so gibt es in Deutschland überhaupt keine Möglichkeit mehr für mich.« Der Geschäftsführer sprach mir seine Bewunderung aus, daß ich so klar sähe, obgleich ich so zurückgezogen lebte und mich um die Dinge dieser Welt nicht kümmerte.

Ich war fast erleichtert, daß ich nun wirklich von dem allgemeinen Los mitbetroffen war, aber natürlich mußte ich überlegen, was ich weiter tun sollte. Ich fragte die Vorsitzende des Kath. Lehrerinnenvereins um ihre Meinung. Auf ihre Veranlassung war ich nach Münster gekommen. Sie riet mir, den Sommer über jedenfalls noch in Münster zu bleiben und eine angefangene wissenschaftliche Arbeit fortzusetzen. Der Verein werde für meinen Unterhalt sorgen, da ihm das Ergebnis meiner Arbeit jedenfalls nützlich sein werde. Wenn es nicht möglich wäre, die Tätigkeit am Institut wieder aufzunehmen, könnte ich mich später nach Möglichkeiten im Ausland umsehen. Tatsächlich erhielt ich sehr bald ein Angebot nach Südamerika. Aber als das kam, war mir schon ein ganz anderer Weg gewiesen.

18

Die letzte Vorlesung in Münster hielt Edith Stein am Ende des WS 1932/33, am 25. 2. Die Abbildung zeigt ihr An- und Abtestat für die Vorlesung »Aufbau der menschlichen Person« (aus dem Studienheft des Hörers Aloys Sahlmann).

19

Das Ja-Wort

»Freudige Zustimmung. Gruß Karmel.«

Etwa zehn Tage nach meiner Rückkehr aus Beuron kam mir der Gedanke: Sollte es nicht jetzt endlich Zeit sein, in den Karmel zu gehen? Seit fast zwölf Jahren war der Karmel mein Ziel. Seit mir im Sommer 1921 das »Leben« unserer hl. Mutter Teresia in die Hände gefallen war und meinem langen Suchen nach dem wahren Glauben ein Ende gemacht hatte. Als ich am Neujahrstage 1922 die hl. Taufe empfing, dachte ich, daß dies nur die Vorbereitung zum Eintritt in den Orden sei. Aber als ich einige Monate später nach meiner Taufe zum erstenmal meiner lieben Mutter gegenüberstand, wurde mir klar, daß sie dem zweiten Schlag vorläufig nicht gewachsen sei. Sie würde nicht daran sterben, aber es würde sie mit einer Verbitterung erfüllen, die ich nicht verantworten könnte. Ich mußte in Geduld warten. So wurde mir auch von meinen geistlichen Beratern wieder versichert. Das Warten war mir zuletzt sehr hart geworden. Ich war ein Fremdling in der Welt geworden. Ehe ich die Tätigkeit in Münster übernahm und nach dem ersten Semester hatte ich dringend um die Erlaubnis, in den Orden eintreten zu dürfen, gebeten. Sie wurde mir verweigert mit dem Hinweis auf meine Mutter und auch auf die Wirksamkeit, die ich seit einigen Jahren im katholischen Leben hatte. Ich hatte mich gefügt. Aber nun waren ja die hemmenden Mauern eingestürzt. Meine Wirksamkeit war zu Ende. Und würde mich meine Mutter nicht lieber in einem Kloster in Deutschland wissen als an einer Schule in Südamerika? Am 30. April – es war der Sonntag vom Guten Hirten – wurde in der Ludgerikirche das Fest des hl. Ludgerus mit 13stündigem Gebet gefeiert. Am späten Nachmittag ging ich dorthin und sagte mir: ich gehe nicht wieder fort, ehe ich Klarheit habe, ob ich jetzt in den Karmel gehen darf. Als der Schlußsegen gegeben war, hatte ich das Jawort des Guten Hirten.
Ich schrieb noch am selben Abend an Vater Erzabt. Aber er war in Rom, und ich wollte den Brief nicht über die Grenze schicken. Er mußte im Schreibtisch warten, bis ich ihn nach Beuron gehen lassen konnte. Es wurde Mitte Mai, bis ich die Erlaubnis hatte, die ersten vorbereitenden Schritte zu unternehmen. Ich tat es unverzüglich. Durch meine Katechumena

Edith Stein wurde am 1. 1. 1922 in der Pfarrkirche St. Martin in Bergzabern von Dekan Eugen Breitling getauft. Patin war die (evangelische) Freundin Hedwig Conrad-Martius. Edith Stein wurde auf die Namen Teresia Hedwig getauft. Sie fuhr am 14. Juni zum ersten Mal seit der Taufe nach Hause. In einem Brief vom 1. 8. 1922 an Roman Ingarden heißt es: »Ich war jetzt sechs Wochen in Breslau. Meine Mutter hatte seit meinem Übertritt geglaubt, ich wäre in ihrem Hause für alle Zeiten unmöglich. Jetzt habe ich ihr gezeigt, daß es doch geht ...«

Das Leben

der

heiligen Theresia von Jesu

und

die besonderen ihr von Gott erteilten Gnaden,

auf Geheiß ihrer Beichtväter von ihr selbst beschrieben.

———

Neue deutsche Ausgabe,

nach den autographierten und anderen spanischen
Originalen bearbeitet und vermehrt

von

Fr. Aloisius ab Immaculata Conceptione,
Priester aus dem Orden der unbeschuhten Karmeliten.

════════════════

/ Regensburg, Rom, Wien 1919. /
Druck und Verlag von Friedrich Pustet.

Das »Leben« der heiligen Teresa von Avila war Edith Stein im Juni oder Juli 1921 im Hause des Philosophen-Ehepaares Theodor und Hedwig Conrad-Martius in Bergzabern »in die Hände gefallen«. Das Haus stand im Eisbrünnelweg, heute heißt die Straße Neubergstraße (Nr. 16). Das Buch kam durch den Eintritt Edith Steins in den Kölner Karmel und von dort an eine Missionsschwester nach Afrika. Da das Buch am oberen Rand der zweiten Innenseite die Eintragung aufweist »Sommer in Bergzabern 1921« kam der Band zurück nach Bergzabern und befindet sich heute im Besitz der Taufpfarrei Edith Steins.

22

Das Foto zeigt das Innere der Ludgerikirche im Zustand von 1933. Im Gewölbebogen vor dem Presbyterium erkennt man das herabhängende Kruzifix, 1929 von dem Bildhauer Heinrich Bäumer geschaffen. Beim Bombenangriff im Herbst 1944 verlor der Kruzifixus beide Arme. In diesem Zustand befindet es sich heute, zusammen mit Bronzeplaketten der Seligen Edith Stein und Niels Stensen (1638–1686), an der Gedenkstätte in St. Ludgeri. Die Kirche besitzt seit kurzen auch ein Gemälde (von Gerhard van der Grinten, 1990), das die beiden Seligen zeigt. – Das Patrozinium der St.-Ludgeri-Kirche, das Fest des heiligen Bischofs Ludger († 809), wird am 26. März begangen. Da dieser Tag immer in die Fastenzeit fällt, begeht die Pfarrei das Patrozinium am zweiten Sonntag nach Ostern, nach der damaligen liturgischen Leseordnung Sonntag vom Guten Hirten genannt (nach Joh 10, 11–16). Das »Dreizehnstündige Gebet« ist eine vom Morgen bis zum Abend währende feierlich gestaltete eucharistische Anbetung zu besonderen Anlässen.

23

in Köln ließ ich Fräulein Dr. Cosack um eine Unterredung bitten. Wir waren im Oktober 1932 in Aachen zusammengetroffen. Sie hatte sich mir vorgestellt, weil sie wußte, daß ich innerlich dem Karmel nahestand, und hatte mir gesagt, daß sie enge Verbindung zum Orden und besonders zum Kölner Karmel habe. Von ihr wollte ich mir jetzt Aufschluß über die Möglichkeiten holen. Sie ließ mir mitteilen, am kommenden Sonntag, es war der Bittsonntag, oder an Christi Himmelfahrt könnte sie mir etwas Zeit widmen.
Samstag mit der Morgenpost erhielt ich die Nachricht. Mittags fuhr ich nach Köln. Telefonisch verabredete ich mit Frl. Dr. Cosack, daß sie mich am nächsten Morgen zu einem Spaziergang abholen sollte. Weder sie noch meine Katechumena wußten vorläufig, wozu ich gekommen war. Diese begleitete mich zur Frühmesse in den Karmel. Auf dem Rückweg sagte sie zu mir: »Edith, während ich da neben Ihnen kniete, kam mir der Gedanke, sie wird doch nicht etwa jetzt in den Karmel gehen wollen?« Nun wollte ich ihr mein Geheimnis nicht länger vorenthalten. Sie versprach zu schweigen. Etwas später kam Frl. Dr. C. – Sobald wir miteinander den Weg zum Stadtwald eingeschlagen hatten, sagte ich ihr, was ich wollte. Ich fügte auch gleich hinzu, was gegen mich sprechen könnte: mein Alter (42 J.), die jüdische Abstammung, die Vermögenslosigkeit. Sie fand das alles nicht schwerwiegend. Sie machte mir sogar Hoffnung, daß ich hier in Köln Aufnahme finden könnte, da durch eine Neugründung in Schlesien Plätze frei würden. Eine Neugründung vor den Toren meiner Vaterstadt Breslau – war das nicht ein neues Zeichen des Himmels?
Ich gab Frl. C. so weit Aufschluß über meinen Werdegang, daß sie sich selbst ein Urteil über meinen Karmelberuf bilden konnte. Sie schlug dann selbst vor, daß wir einen Besuch im Kölner Karmel machen wollten. Sie stand besonders nahe mit Schwester Marianne (Gräfin Praschma) in Verbindung, die zur Gründung nach Schlesien gehen sollte. Mit ihr wollte sie jetzt zuerst sprechen. Während sie im Sprechzimmer war, kniete ich in der Kapelle dicht neben dem Altar der kleinen heiligen Teresia. Es kam über mich die Ruhe des Menschen, der an seinem Ziel angelangt ist. Die Unterredung dauerte lange. Als mich Frl. C. endlich rief, sagte sie zuversichtlich: »Ich glaube, das wird etwas.« Sie hatte erst mit Schwester Marianne, dann mit Mutter Priorin (damals Mutter Josepha vom Allerheiligsten Sakrament) gesprochen und mir gut vorgearbeitet. Aber jetzt ließ die klösterliche Tagesordnung keine Zeit mehr fürs Sprechzimmer. Ich sollte nach der Vesper wiederkommen. Ich war lange vor der Vesper wieder in der Kapelle, betete die Vesper mit; dann war noch

24

Dr. Elisabeth Cosack, Oberstudienrätin, geboren am 24. 10. 1885 in Köln, war Schriftleiterin des »Frauenlandes«, eines Organs des Katholischen Deutschen Frauenbundes. Sie starb wenige Jahre nach der hier geschilderten Begegnung mit Edith Stein (am 8. 5. 1936). – Der »Stadtwald«, eine weitläufige Grünanlage in Lindenthal. – Der »Bittsonntag« ist der Sonntag vor dem Fest der Himmelfahrt Christi, 1933 war dieser Sonntag am 21. Mai.

Nach der Anordnung Teresas von Avila sollen in einem Karmel nicht mehr als 21 Ordensfrauen leben. Manche Bewerberinnen mußten auf ihren Eintritt lange warten, bis eine Neugründung stattfand oder ein Todesfall eintrat.

Elisabeth Cosack Schwester Marianne

Schwester Marianne von Gott (geb. Gräfin von Praschma) regte mit Hilfe ihrer Verwandten die Wiederbegründung des Karmels in Schlesien an. Sie war geboren am 9. 1. 1884 auf Schloß Falkenberg/OS, trat am 13. 4. 1921 in den Kölner Karmel ein, wo sie am 15. 10. 1921 das Ordenskleid empfing; am 1. 11. 1922 legte sie ihre Gelübde ab. Sie starb am 13. 1. 1966 im Karmel zu Witten a. d. Ruhr, wo sie in der Klostergruft bestattet wurde.

An der linken Längswand der Kapelle stand innen, unweit dem Eingang, der Votivaltar der heiligen Theresia von Lisieux (der »kleinen« heiligen Theresia), eine Stiftung des schlesischen Ehepaares Linke, der Eltern der später erwähnten Schwester Aloysia vom Heiligsten Sakrament, aus der Zeit um 1925.

Mutter Teresia Renata vom Heiligen Geist (Posselt), geboren am 28. 4. 1891 in Neuß, war ab 1936 achtmal Priorin im Kölner Karmel. Sie starb am 23. 1. 1961 in Köln. Sie war es, die schon in den ersten Nachkriegsjahren eine Biographie über Edith Stein/Schwester Teresia Benedicta a Cruce verfaßte. Diese Schrift erlebte viele Auflagen und Übertragungen in mehrere Sprachen.

Das Sprechzimmer im Karmel Köln-Lindenthal, in dem Edith Stein am 21. 5. 1933 sich erstmals der Priorin und der Novizenmeisterin vorstellte. Das Foto zeigt den Blick von der Klausur aus in den äußeren Besucherraum. Während des Gesprächs wurde der Vorhang meist zur Seite gezogen; jedoch zeigten sich die Schwestern Außenstehenden gegenüber tiefverschleiert, wie es damals Vorschrift war. – Kurz nach ihrer Einkleidung schrieb Schwester Benedicta an einen Studienfreund: »Es haben mir noch alle Besucher, die mir nahestanden, versichert, daß sie nach wenigen Minuten von dem Gitter nichts mehr spüren, weil der Geist ungehindert hindurchgeht. Wenn Sie einmal nach Köln kommen, werden Sie das Experiment auch machen, nicht wahr?« – Heute sind diese Gitter im Sprechzimmer nicht mehr Vorschrift.

Mutter Josepha vom Heiligsten Sakrament (Wery), geboren am 16. 1. 1876 in Brühl, war von 1915 bis 1918 Priorin im Karmel Aachen, von 1926 bis 1936 im Kölner Karmel. Sie starb am 8. 10. 1959 in Köln.

26

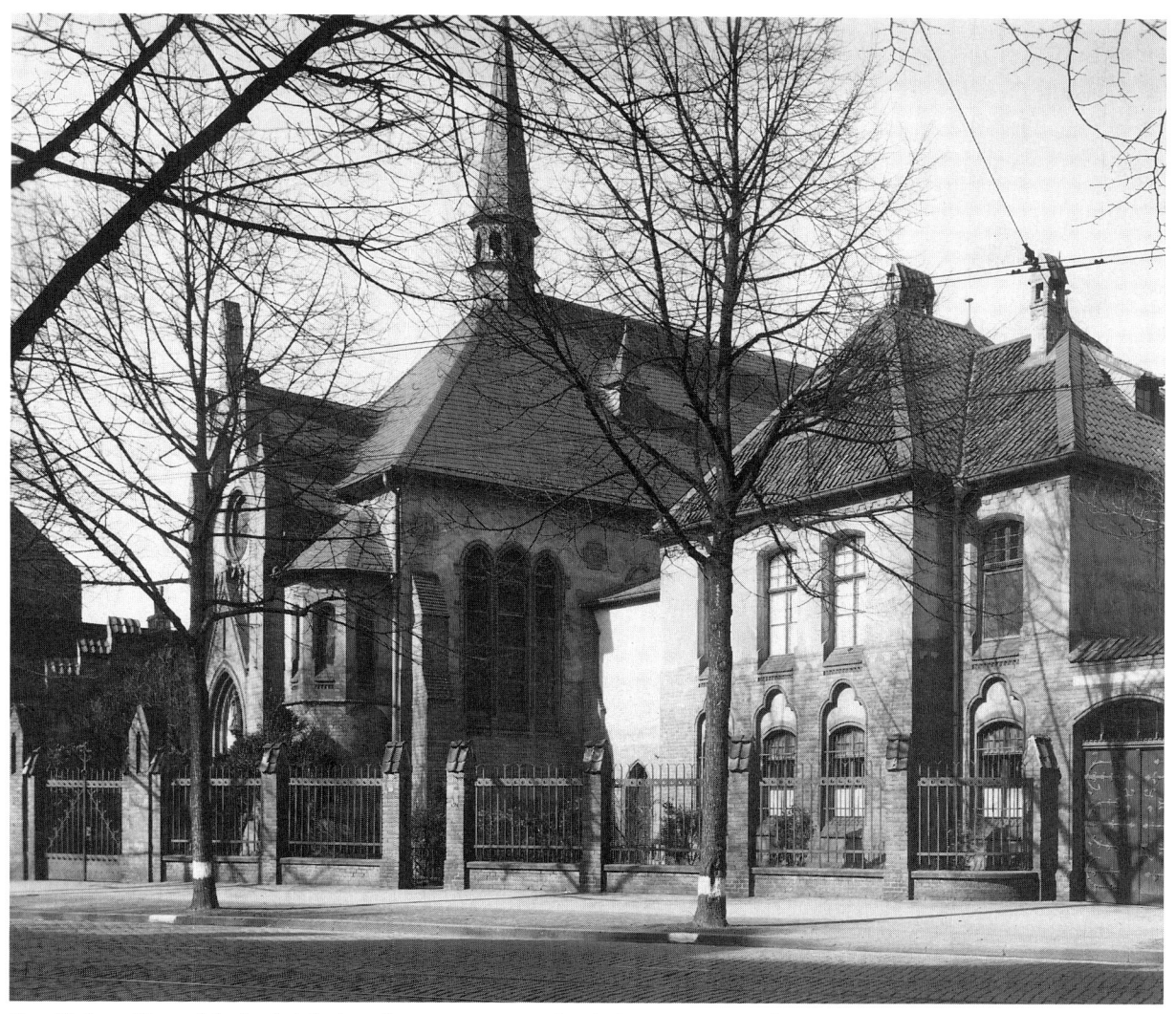

Der Kölner Karmel befand sich damals im Vorort Lindenthal, Dürener Straße 89; er war 1899 von den Schwestern bezogen worden, die nach dem sogenannten Kulturkampf aus den Niederlanden zurückkehrten.

Maiandacht hinter dem Chorgitter. Es war wohl bald halb vier Uhr, als ich endlich ins Sprechzimmer gerufen wurde. M. Josepha und unsere liebe Mutter (Teresia Renata de Spiritu Sancto, damals Subpriorin und Novizenmeisterin) waren am Gitter. Ich gab noch einmal Rechenschaft über meinen Weg: wie der Gedanke an den Karmel mich nie verlassen hatte; ich war acht Jahre bei den Dominikanerinnen in Speyer als Lehrerin, war mit dem ganzen Konvent innig verbunden und konnte doch nicht eintreten; ich betrachtete Beuron wie den Vorhof des Himmels, dachte aber nie daran, Benediktinerin zu werden; immer war es mir, als hätte der Herr mir im Karmel etwas aufgespart, was ich nur dort finden könnte. Das machte Eindruck. Mutter Teresia hatte nur das Bedenken, ob man es verantworten könnte, jemanden aus der Welt fortzunehmen, der draußen noch viel leisten könnte. Schließlich erhielt ich den Bescheid, ich sollte wiederkommen, wenn P. Provinzial hier wäre; er sei bald zu erwarten.

Am Abend fuhr ich nach Münster zurück. Ich war weiter, als ich es bei der Ankunft erwartet hatte. Aber der Pater Provinzial ließ lange auf sich warten. Während der Pfingsttage war ich meist im Dom in Münster. Vom Heiligen Geist ermutigt, schrieb ich an M[utter] Josepha und bat dringend um schnelle Antwort, da ich in meiner unsicheren Lage doch Klarheit haben müsse, womit ich zu rechnen habe. Daraufhin wurde ich nach Köln bestellt. Der Klosterkommissar wolle mich empfangen, auf P. Provinzial wolle man nicht mehr warten. Ich sollte diesmal auch den Kapitularinnen vorgestellt werden, die über die Aufnahme abstimmen sollten. Ich war wieder von Samstag nachmittag bis Sonntag abend in Köln (ich glaube, es war der 18./19. Juni), sprach M. Josepha, M. Teresia und Schw. Marianne, ehe ich den Besuch bei dem Herrn Prälaten machte, durfte auch meine Freundin vorstellen.

Auf dem Weg zu Herrn Dr. Lenné wurde ich vom Gewitter überrascht und kam ganz durchnäßt an. Ich mußte eine Stunde warten, ehe er sich zeigte. Nach der Begrüßung strich er sich mit der Hand über die Stirn und sagte: »Was war es doch, was du von mir wolltest? Ich habe es ganz vergessen.« Ich antwortete, ich sei Postulantin für den Karmel und bei ihm angemeldet. Er war nun im Bilde und hörte auf, mich zu duzen. Später wurde mir klar, daß er mich damit auf die Probe stellen wollte. Ich hatte es hinuntergeschluckt, ohne mit der Wimper zu zucken. Er ließ mich noch einmal alles wiederholen, was er schon wußte, sagte mir, welche Einwände er gegen mich machen wollte, gab mir aber die tröstli-

Der Dom zu Münster, in dem Edith Stein einen großen Teil der Pfingsttage (5./6. 6. 1933) verbrachte.

Der Klosterkommissar, gewöhnlich ein Diözesanpriester, vertrat den Ortsordinarius gegenüber den Ordensfrauen. Rechtlich waren seine Kompetenzen gering; im Kölner Karmel pflegte man sich auf freundlichem Umgang mit ihm zu beschränken. Zur Zeit Edith Steins hatte dieses Amt Prälat Dr. Albert Lenné inne. Edith Stein suchte ihn in seiner Wohnung in der Altstadt auf (Burgmauer 27). Er wurde geboren am 31. 1. 1878 in Straßburg und starb am 4. 5. 1958 als Domdechant in Köln.

che Versicherung, daß die Schwestern sich durch seine Einwände gewöhnlich nicht zurückhalten ließen und daß er sich gütlich mit ihnen zu einigen pflege. Dann entließ er mich mit seinem Segen.

Nach der Vesper kamen diesmal sämtliche Kapitularinnen ans Gitter. Unsere liebe Seniorin, die kleine Schw. Teresia, kam ganz nahe ans Gitter, um gut zu sehen und zu hören. Die liturgiebegeisterte Schw. Aloysia wollte von Beuron erzählt haben. Damit konnte ich aufwarten. Schließlich mußte ich ein Liedchen singen. Man hatte mir das schon am Tage vorher angekündigt, aber ich hatte es für einen Scherz gehalten. Ich sang: »Segne Du, Maria ...«, etwas schüchtern und leise. Hinterher sagte ich, es sei mir schwerer gefallen, als vor 1000 Menschen zu sprechen. Wie ich später hörte, verstanden das die Schwestern nicht, weil sie noch nichts von meiner Rednertätigkeit wußten. Nachdem die Schwestern sich entfernt hatten, sagte mir M. Josepha, daß die Abstimmung erst am nächsten Morgen sein könne. Ich mußte also an diesem Abend ohne Bescheid abfahren.

Schw. Marianne, mit der ich zuletzt noch allein sprach, stellte mir telegraphischen Bescheid in Aussicht. In der Tat kam am nächsten Tage das Telegramm: »Freudige Zustimmung. Gruß Karmel.« Ich las es und ging in die Kapelle, um zu danken.

Wir hatten schon alles Weitere besprochen. Bis zum 15. Juli wollte ich in Münster alles erledigt haben und am 16. das Fest der Karmelskönigin in Köln mitfeiern. Einen Monat sollte ich dann als Gast in der äußeren Pfortenwohnung sein, Mitte August auf Rückfahrkarte nach Hause fahren und zum Fest unserer hl. Mutter, dem 15. Oktober, in die Klausur aufgenommen werden. Es wurde ferner meine spätere Versetzung in den schlesischen Karmel vorgesehen.

Sechs große Bücherkisten reisten mir nach Köln voraus. Ich schrieb dazu, eine solche Aussteuer habe wohl noch keine Karmelitin mitgebracht. Schwester Ursula nahm sie in Verwahrung und gab sich große Mühe, beim Auspacken Theologie, Philosophie, Philologie usw. (so waren die Kisten bezeichnet) auseinanderzuhalten. Aber schließlich geriet doch alles durcheinander.

In Münster wußten nur wenige Menschen, wohin ich ging. Ich wollte es möglichst geheimhalten, solange meine Angehörigen nicht unterrichtet waren. Zu den wenigen gehörte die Schwester Oberin des Marianums. Ihr hatte ich es gleich anvertraut, nachdem das Telegramm gekommen war. Sie hatte sich sehr um mich gesorgt und war nun ganz glücklich.

30

Heute, den 19. Juni 1933, morgens gegen 8 Uhr wurde das Kapitel von der Priorin Schwester M. Josepha u SS. Sacr. einberufen, zur Zeit da der hochwürdige Pater Servatius Maria a Sancto Angelo Provinzial unserer Ordensprovinz des hl. Joseph von Brabant war. Es wurde die Chorkandidatin Edith Stein den 14 Kapitularinnen zur Aufnahme vorgeschlagen. Die Antwort war bejahend. Edith Stein ist geboren in Breslau, Diözese Breslau, am 12. Oktober 1891, als Tochter der Eheleute Herrn Kaufmann Siegfried Stein u. Frau Auguste geborene Courant.

Schwester M. Josepha a SS. Sacr., Priorin
S. Marianne de Deo, I. Clavaria
Schw. Teresia Renata de Spiritu Sancto II Clavaria
Schw. Maria Theresia III Clavarin

Eintragung im Protokollbuch des Kölner Karmels. – Edith Stein machte ihren zweiten Besuch im Kölner Karmel am 17./18. 6. 1933; sie hat sich in ihrem Bericht im Datum geirrt. Laut Protokollbuch des Klosters fand die Abstimmung zu ihrem Eintritt am Montag, dem 19. Juni, statt. Zu dieser Abstimmung mußten die vom Kirchenrecht vorgeschriebenen Zeugnisse vorliegen. Nach Einsicht in die Papiere müssen 24 Stunden vergehen, bis gültig abgestimmt werden kann.

Noch am Tage der Abstimmung traf das Telegramm im Marianum bei Edith Stein ein: »Freudige Zustimmung. Gruß Karmel.« Edith las es und ging in die Kapelle, um zu danken.

Das Zeugnis des Geistlichen in Münster, zu dessen Pfarrei Edith Stein gehörte.

Kathol. Pfarramt

Liebfrauen-Überwasser

Telefon 20984
Münster i. W., den   13. Juni 1933.

Z e u g n i s.

Fräuleiñ Dr. Edith S t e i n, Dozentin am Pädagogischen Jnstitut hierselbst, wohnt in meiner Pfarrei, im Schwesternhaus Colleg. Marianum. Sie zeichnete sich dort durch ihre grosse Frömmigkeit und die tiefste Religiosität ihres ganzen Wesens aus. Sie ist eine wahrhaft innerliche, gütige Seele, dabei von unermüdlichem Fleiss in ihrer Berufsarbeit. So verdient sie nur die allerbeste Empfehlung

Pfarrer.

DER ERZABT
VON BEURON

BEURON, den 2.Juni 1933.

Wohlehrwürdige Frau Subpriorin!

Über die bewusste Postulantin kann ich allerdings einiges zu Ihrer Aufklärung berichten. Ihre ausserordentliche intellectuelle Begabung steht ausser Frage. Davon ist man in weiten Kreisen Deutschlands überzeugt. Dass sie trotzdem ein sehr einfaches lenksames Gemüt besitzt, ist umso verwunderlicher. Ihre religiöse Reife & Tiefe ist derart, dass ich darüber keine Worte zu machen brauche. Sie würden es selbst erfahren.

Die einzigen Schwierigkeiten die einen Eintritt erschweren, sind die Rücksicht auf die alte Mutter & ihre Stellung im öffentlichen katholischen Leben. Ich möchte keine Verantwortung dafür übernehmen, dass die wertvolle Arbeitskraft der "streitenden"Kirche verloren geht. Und ich bitte, dass man im Falle einer Beschwerde bei ihrem eventuellen Eintritt meinen Namen ausser dem Spiel lässt. Der Karmel war schon lange ihr Ideal, & ich habe mich nie bemüht, ihr ein anderes Ideal einzureden, wenn schon der Klostergedanke akut wurde. Bis vor kurzem war ich allerdings wegen ihrer Berufung zum tätigen Leben in der Frauenwelt gegen den Klostereintritt. Nachdem ihr nun durch die äusseren veränderten Verhältnisse der freie Weg beinahe gebahnt ist, wehre ich mich nicht mehr gegen ihren Eintritt.

Mit besten Segenswünschen
in Xsto ergebener

Raphael Egass

Erzabt Raphael Walzer von Beuron war bald nach Edith Steins erstem Besuch im Karmel um eine Stellungnahme gebeten worden. Seine Antwort an Sr. Teresia Renata Posselt, Subpriorin und Novizenmeisterin, ist vom 2. Juni datiert.

33

Im Musikzimmer des Hauses wurde kurz vor meiner Abreise ein Abschiedsabend veranstaltet. Die Studentinnen hatten ihn mit großer Liebe vorbereitet, auch die Klosterfrauen nahmen daran teil. Ich dankte ihnen mit ein paar Worten und sagte ihnen, wenn sie später hören würden, wo ich sei, würden sie sich mit mir freuen.

Die Schwestern des Hauses gaben mir ein Reliquienkreuz mit, das ihnen der verstorbene Bischof Johannes Poggenburg geschenkt hatte. Schwester Oberin brachte es mir auf einer Patene mit Rosen bedeckt. Fünf Studentinnen und die Bibliothekarin des Instituts brachten mich zur Bahn. Große Rosensträuße konnte ich der Karmelskönigin zu ihrem Fest mitbringen. Vor weniger als eineinhalb Jahren war ich fremd nach Münster gekommen. Abgesehen von meiner beruflichen Tätigkeit hatte ich in klösterlicher Zurückgezogenheit gelebt. Trotzdem ließ ich jetzt einen großen Kreis von Menschen zurück, die in Liebe und Treue zu mir standen. Ich habe die schöne alte Stadt und das ganze Münsterland immer in liebevoller und dankbarer Erinnerung behalten.

Nach Hause hatte ich geschrieben, daß ich bei Schwestern in Köln Aufnahme gefunden hätte und im Oktober endgültig dorthin gehen würde. Man beglückwünschte mich dazu wie zu einer neuen Anstellung.

Der Monat in der äußeren Pfortenwohnung war eine sehr glückliche Zeit. Ich machte die Tagesordnung mit, arbeitete in den gebetsfreien Stunden und durfte öfters ins Sprechzimmer kommen. Alle auftauchenden Fragen legte ich Mutter Josepha vor; ihre Entscheidung war immer so, wie ich sie auch von mir aus getroffen hätte. Diese innere Übereinstimmung machte mich sehr froh. Oft war meine Katechumena bei mir. Sie wollte noch vor meiner Abreise getauft werden, damit ich Patin sein könnte. Am 1. August taufte sie Herr Prälat Lenné im Kapitelzimmer des Domes, am nächsten Morgen empfing sie in der Klosterkapelle die erste hl. Kommunion. Ihr Mann wohnte beiden Feiern bei, aber zur Nachfolge konnte er sich nicht entschließen. Am 10. August traf ich mit Vater Erzabt in Trier zusammen und empfing seinen Segen für den schweren Weg nach Breslau. Ich sah den Heiligen Rock und erflehte mir Kraft. Lange habe ich auch vor dem schönen Gnadenbild in St. Matthias gekniet. Für die Nacht fand ich gastliche Aufnahme im Karmel zu Cordel, wo unsere liebe Mutter Teresia Renata neun Jahre lang Novizenmeisterin war, bis sie als Subpriorin nach Köln zurückgerufen wurde. Am 14. August fuhr mein Patenkind mit mir nach Maria Laach zum Fest Mariä Himmelfahrt. Von dort aus ging es nach Breslau weiter.

Maria Alphonsis Schulte aus der Kongregation der Schwestern Unserer Lieben Frau, die zur Zeit Edith Steins Oberin im Marianum in Münster war. – Schwester M. Alphonsis wurde am 31. 7. 1883 in Uentrop/Westf. geboren und starb am 7. 11. 1966 in Geldern. – Zwischen Edith Stein und Schwester Alphonsis bestand ein Verhältnis gegenseitiger herzlicher Sympathie; Schwester Alphonsis wurde später auch im Prozeß für die Seligsprechung Edith Steins vernommen.

Bischof Johannes Poggenburg, geboren am 12. 5. 1862, empfing 1889 die Priesterweihe. Am 16. 10. 1913 wurde er durch den späteren Kölner Erzbischof Felix von Hartmann zum Bischof geweiht. Er war Diözesanbischof von Münster bis zu seinem Tode am 5. 1. 1933; seit 1930 war er Titular-Erzbischof. – Edith Stein schenkte das Kreuz ihrer Freundin Hede Spiegel zur Taufe. Heute befindet es sich im Kölner Karmel.

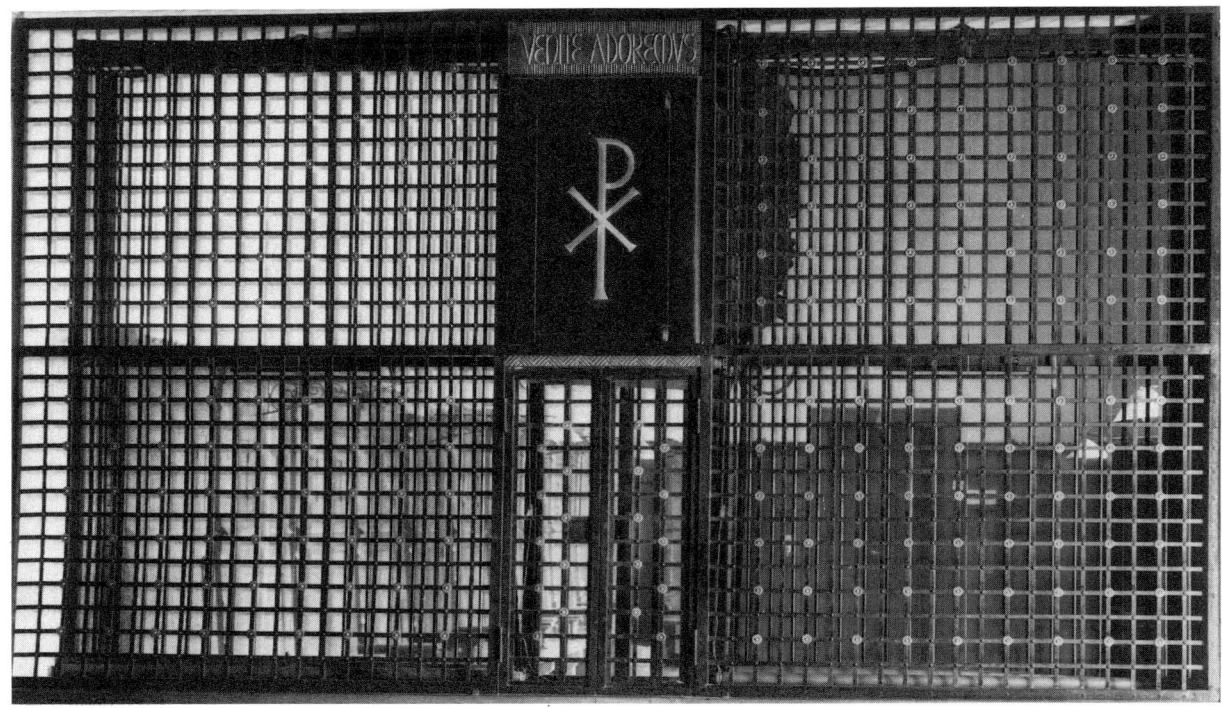

Mehrere Wochen weilte Edith Stein vor ihrer letzten Reise nach Breslau als Gast an der Karmelpforte. »Ich darf jetzt schon«, schreibt sie dazu, »die ganze geistliche Tagesordnung mitmachen und mir dazu einen Betstuhl ins Presbyterium stellen. Natürlich wird es noch schöner sein, wenn ich erst einmal jenseits des Gitters im Chor stehen darf. Aber schon jetzt ist es überreiche Gnade.« Das Foto zeigt den Blick vom Presbyterium der Kirche in den Chor der Schwestern bei geöffneten Holzläden. Man erkennt im Innenraum das Chorgestühl und die Chortür, die von der Klausur her den Zutritt zum Chor bildete. Während der heiligen Messe konnten die Schwestern von der Seite her auf den Hauptaltar der Kirche sehen und den Handlungen dort gut folgen.

36

Am 10. August, dem Fest des heiligen Laurentius, versammelte sich die Äbtekonferenz der Beuroner Benediktinerkongregation in der Trierer Abtei St. Matthias, weil man dort zugleich des 25. Jahrestages der Weihe von Abt Laurentius Zeller gedenken und gemeinsam den Heiligen Rock verehren wollte. Aus diesem Grund hielt sich auch Erzabt Raphael Walzer aus Beuron dort auf. – Die Versammlung der Benediktiner-Äbte im Klostergarten der Abtei St. Matthias in Trier. Zweiter von links: Erzabt Dr. Raphael Walzer aus Beuron. Am 10. 8. 1933 traf Edith mit ihm zusammen »und empfing seinen Segen für den schweren Weg nach Breslau«.

Die Benediktinerabtei St. Matthias in Trier, wo Edith Stein am 10. 8. 1933 Erzabt Raphael Walzer aus Beuron traf.

37

Kirchlicher Amtsanzeiger
für die
Diözese ✠ Trier.

Ausgabe 2	Trier, den 30. Januar 1933.	77. Jahrgang.

Im Namen der Allerheiligsten Dreifaltigkeit,
Zur Mehrung der Liebe zu unserm Heiland Jesus Christus,
Zum Troste aller Gläubigen in notvoller Zeit

verordne ich hiermit im Einverständnis mit dem Hochwürdigsten Domkapitel in Trier

die Ausstellung des hl. Rockes unseres Herrn
im Heiligen Jahre 1933.

Sie beginnt am Sonntag, den 23. Juli, und dauert bis Sonntag, den 3. September.

So erfülle ich freudigen Herzens eine an mich seit Jahren immer wieder aus dem In- und Auslande gerichtete Bitte.

Zum Feste des köstlichsten Kleinodes unseres altehrwürdigen Domes, des Gewandes, das einst der Heiland in seinem irdischen Leben trug, das er mit seinem kostbaren Blute benetzte und dessen Saum die Menschen in hl. Ehrfurcht küßten, werde ich in einem eigenen Hirtenbriefe alle Gläubigen zur Wallfahrt nach Trier einladen.

Helft mir beten, daß dann die kommenden heiligen Wochen — wie mein hochseliger Vorgänger Michael Felix im Jahre 1891 bei der letzten Ausstellung schrieb — „unseren Glauben kräftigen, unsere Liebe zu Christus und seiner heiligen Kirche vermehren und das christliche Leben entfalten!"

Trier, am Feste Pauli Bekehrung 1933.

✝ **Franz Rudolf,**
Bischof von Trier.

Ankündigung der Ausstellung des hl. Rockes
im Jahre 1933

Foto vom Innern des Trierer Doms zur Zeit der Verehrung des Heiligen Rockes. Nach dem Kirchlichen Amtsanzeiger dauerten die Feierlichkeiten um die Trierer Gewandreliquie, die die wahre Menschwerdung Gottes im Symbol anzeigen und die Einheit aller Christen andeuten sollte, vom 23. Juli bis zum 3. September 1933.

38

Kapelle des Karmels in Cordel; hier wohnte Edith Stein am 11. 8. 1933 der heiligen Messe bei.

Der Karmel von Cordel, unweit Trier (heute Kordel) war 1922 entstanden durch die Bemühungen zweier deutscher Schwestern aus dem Karmel Luxemburg. Als Edith Stein in diesem Haus übernachtete, war eine Kölner Karmelitin Priorin, Mutter Gabriele von der Verkündigung Mariae (Leuffen), die seit 1923 dort weilte. Sie hatte im folgenden Jahr ihrerseits eine Hilfe vom Kölner Karmel erbeten und erhielt als Novizenmeisterin der jungen Niederlassung Schwester Teresia Renata Posselt, die erst im Januar 1933 nach Köln zurückkehrte, weil man sie zur Subpriorin gewählt hatte. Das Cordeler Kloster lag am Ufer der Kyll, einem Nebenfluß der Mosel. Wenn diese Hochwasser führte, standen alljährlich die Keller des Karmels unter Wasser. Daher wurde der Konvent im Jahre 1953 nach Waldfrieden bei Auderath verlegt.

Der Abgrund

» ... im Hangen und Bangen der letzten Wochen ...«

Am Bahnhof erwartete mich meine Schwester Rosa. Da sie innerlich längst zur Kirche gehörte und ganz mit mir einig war, sagte ich ihr sofort, was ich vorhatte. Sie zeigte kein Erstaunen, aber ich merkte doch, daß nicht einmal sie auf den Gedanken gekommen war. Die andern stellten etwa zwei bis drei Wochen lang gar keine Frage. Nur mein Neffe Wolfgang (damals 21 Jahre) erkundigte sich sofort, als er mich besuchen kam, was ich in Köln tun werde. Ich gab ihm wahrheitsgetreu Antwort und bat ihn, vorläufig zu schweigen.

Meine Mutter litt sehr unter den Zeitverhältnissen. Sie regte sich immer von neuem darüber auf, daß es »so schlechte Menschen geben könne«. Dazu kam noch ein persönlicher Verlust, der ihr sehr naheging. Meine Schwester Erna sollte die Praxis unserer Freundin Lilli Berg übernehmen, die damals mit ihrer Familie nach Palästina ging. Bibersteins mußten die Wohnung von Bergs im Süden der Stadt beziehen und unser Haus verlassen. Erna und ihre beiden Kinder waren der Trost und die Freude meiner Mutter. Ihren täglichen Umgang entbehren zu sollen, war ihr bitter schmerzlich. Aber trotz all dieser niederdrückenden Sorgen lebte sie wieder auf, als ich kam. Ihre Heiterkeit und ihr Humor kamen wieder zum Durchbruch. Wenn sie aus dem Geschäft nach Hause kam, setzte sie sich gerne mit ihrem Strickstrumpf neben meinen Schreibtisch und sprach von all ihren häuslichen und geschäftlichen Sorgen. Ich ließ mir auch ihre alten Erinnerungen aufs neue erzählen als Grundstock für eine Geschichte unserer Familie, die ich damals begann. Dieses trauliche Zusammensein tat ihr sichtlich wohl. Ich aber mußte immer denken: Wenn du wüßtest!

Für mich war es sehr tröstlich, daß damals Schwester Marianne mit ihrer Cousine Schw. Elisabeth (Gräfin Stolberg) in Breslau waren, um ihre Klosterstiftung vorzubereiten. Sie waren schon vor mir von Köln nach Breslau gefahren. Schw. Marianne hatte meine Mutter aufgesucht und ihr meine Grüße gebracht. Sie kam auch während meiner Anwesenheit noch zweimal in unser Haus, und war ganz vertraut mit meiner Mutter. Wenn ich sie bei

Rosa Stein, geboren am 13. 12. 1883 in Lublinitz/OS, hatte die Konversion mit Rücksicht auf ihre Mutter aufgeschoben. Sie führte in der Familie Stein den Haushalt.

Wolfgang Stein war der älteste Sohn von Ediths Bruder Arno und seiner Frau Martha, geb. Kaminski. Er wurde am 21. 6. 1912 in der Breslauer Michaelisstraße geboren und wohnte 1933 mit seinen Angehörigen in der Bockstraße 14. Später erlernte er auf einem Gut die Landwirtschaft in der Absicht, in Übersee zu siedeln. Er verließ Deutschland Ende 1938.

Schwester Maria Elisabeth von Jesus (Leopoldine Gräfin zu Stolberg-Stolberg), geboren am 13. 9. 1872 zu Gimborn/Rhld., trat in Rom in den Karmel ein, erhielt dort das Ordenskleid und legte die ersten Gelübde ab. 1933 machte sie Ewige Profeß im Karmel zu Bonn-Pützchen und schloß sich dann den Gründerinnen des Kölner Karmels an. Durch die Kriegs- und Nachkriegsereignisse wurde sie mit dem Konvent, dessen Vikarin sie war, nach Schloß Neuburg a. d. Kammel verschlagen, wo sie am 2. 1. 1948 starb. Sie wurde auf dem Klosterfriedhof des Karmels in Welden bei Augsburg bestattet.

41

den Ursulinen am Ritterplatz, wo sie wohnte, besuchte, konnte ich frei sprechen, wie mir ums Herz war. Ich wurde andrerseits in alle Freuden und Leiden der Klostergründung eingeweiht, durfte auch einmal mit den beiden Schwestern den Bauplatz in Pawelwitz (jetzt Wendelborn) besichtigen.

Ich half Erna viel beim Umzug. Auf einer Straßenbahnfahrt in die neue Wohnung stellte sie endlich die Frage nach den Verhältnissen in Köln. Als ich Aufschluß gab, wurde sie sehr blaß und es kamen ihr Tränen in die Augen. »Es ist schrecklich in der Welt«, sagte sie, »was den einen glücklich macht, ist für den andern das Schlimmste, was ihn treffen kann.« Sie machte keinen Versuch, mich zurückzuhalten. Einige Tage später sagte sie mir im Auftrag ihres Mannes, wenn die Sorge um meine Existenz zu meinem Entschluß beigetragen habe, so sollte ich wissen, daß ich bei ihnen leben könnte, solange sie selbst noch etwas hätten. (Dasselbe hatte mein Schwager in Hamburg gesagt.) Erna fügte hinzu, sie müsse mir das ausrichten; sie wisse wohl, daß solche Beweggründe bei mir nicht in Frage kämen.

Am ersten Sonntag im September war ich mit meiner Mutter allein zu Hause. Sie saß mit ihrem Strickstrumpf am Fenster, ich nahe bei ihr. Da kam auf einmal die lange erwartete Frage: »Was wirst du bei den Schwestern in Köln tun?« »Mit ihnen leben.« Nun kam eine verzweifelte Abwehr. Meine Mutter hörte nicht auf zu arbeiten. Ihr Garnknäuel verwirrte sich, sie suchte es mit zitternden Händen in Ordnung zu bringen, und ich half ihr dabei, während die Auseinandersetzung zwischen uns weiterging.

Von nun an war es mit dem Frieden vorbei. Es lag ein Druck über dem ganzen Haus. Von Zeit zu Zeit versuchte meine Mutter einen neuen Ansturm. Dann folgte wieder stille Verzweiflung. Meine Nichte Erika, die strenggläubigste Jüdin in der Familie, hielt sich auch für verpflichtet, auf mich einzuwirken. Die Geschwister versuchten es nicht, weil sie es für zwecklos hielten. Es wurde noch schlimmer, als meine Schwester Else aus Hamburg zu Mutters Geburtstag kam. Während meine Mutter sich im Zusammensein mit mir meist sehr beherrschte, wurde sie im Gespräch mit Else sehr erregt. Meine Schwester erzählte mir all diese Ausbrüche wieder, weil sie meinte, ich wüßte nicht, wie meiner Mutter zumute sei.

Es lastete auch eine große wirtschaftliche Sorge auf der Familie. Das Geschäft ging schon lange sehr schlecht. Nun stand auch die Hälfte unseres Hauses leer, die Bibersteins bisher bewohnt hatten. Es kamen täglich Leute zur Besichtigung, aber es wurde nie etwas. Zu den eifrigsten Bewerbern gehörte eine protestantische Kirchengemeinde. Als wieder einmal

42

Erika Tworoger, Tochter von Frieda Tworoger (geb. Stein) und Salo Tworoger, geboren am 1. 1. 1911. Sie emigrierte 1939 nach Palästina, heirate Yitzhak Cohen; sie starb 1961.

Erna Stein, Ediths ältere Schwester, geboren am 11. 2. 1890 in Liblinitz, war vermählt mit dem Dermatologen Dr. Hans Biberstein (geb. 4. 12. 1889 in Laurahütte/OS; gest. 21. 11. 1965 in New York). Sie hatte zunächst ihre gynäkologische Praxis im Haus Michaelisstraße 38. Als das NS-Regime zum Boykott jüdischer Arztpraxen aufrief, übernahm Erna die Praxis ihrer Freundin Lilli Berg (geb. Platau) in der Kaiser-Wilhelm-Straße 80. Im Südwesten der Stadt lebten mehr und wohlhabendere jüdische Familien als in der Steinschen Wohngegend. – Lilli und ihr Mann Paul Berg wanderten 1933 nach Palästina aus. Erna und Hans Biberstein emigrierten erst im Februar 1939 in die USA. Erna starb am 15. 1. 1978 in Davis.

43

zwei Pastoren von dort kamen, bat mich meine Mutter, mit ihnen in die leere Wohnung zu gehen, sie sei es schon leid. Ich kam mit den Herren so weit, daß wir alle Bedingungen formulierten. Ich trug sie meiner Mutter vor und schrieb dann in ihrem Auftrag nochmals an den Herrn Hauptpastor, um eine schriftliche Zusage zu erbitten. Sie wurde auch gegeben. Trotzdem drohte die Sache sich kurz vor meiner Abreise wieder zu zerschlagen. Ich wollte meiner Mutter wenigstens diese Sorge abnehmen und suchte den Herrn in seiner Wohnung auf. Es schien, daß nichts mehr zu machen sei. Aber als ich mich verabschieden wollte, sagte er: »Nun sehen Sie ganz traurig aus, das tut mir leid.« Ich erzählte ihm, daß meine Mutter jetzt unter so vielen Sorgen zu leiden hätte. Er fragte teilnehmend, was das für Sorgen seien. Ich sprach kurz von meiner Konversion und meinen Klosterabsichten. Das machte großen Eindruck. »Sie sollen wissen, ehe Sie dorthin gehen, daß Sie hier noch ein Herz gewonnen haben.« Er rief seine Frau herein, und nach kurzer Beratung beschlossen sie, noch einmal eine Kirchenvorstandssitzung einzuberufen und die Sache erneut vorzutragen. Noch vor meiner Abreise kam der Hauptpastor mit seinem Kollegen in unser Haus, um das Geschäft abzuschließen. Beim Fortgehen sagte er leise zu mir: »Gott behüte Sie.« Schwester Marianne hatte noch einmal mit meiner Mutter eine Unterredung unter vier Augen. Es konnte dabei nicht mehr viel erreicht werden. Schwester Marianne konnte sich nicht bestimmen lassen (wie meine Mutter hoffte), mich zurückzuhalten. Und ein anderer Trost wurde nicht angenommen. Die beiden Schwestern hätten freilich auch nicht gewagt, mich mit Zureden in meinem Entschluß zu bestärken. Die Entscheidung war so schwer, daß kein Mensch mir mit Bestimmtheit sagen konnte, dieser Weg oder jener Weg ist der rechte. Für beide ließen sich gute Gründe beibringen. Ich mußte den Schritt völlig in der Dunkelheit des Glaubens tun. Oft habe ich in jenen Wochen gedacht: Wer von uns beiden wird zusammenbrechen, meine Mutter oder ich? Aber wir hielten beide bis zum letzten Tage aus.

Kurz vor meiner Abreise ließ ich noch meine Zähne nachsehen. Als ich im Wartezimmer der Zahnärztin saß, ging die Tür auf, und meine Nichte Susel kam herein. Sie wurde rot vor Freude. Wir waren gleichzeitig bestellt, ohne es zu wissen. Wir gingen zusammen ins Behandlungszimmer, dann begleitete sie mich nach Hause. Sie hängte sich an meinen Arm, ich nahm die braune Kinderhand in die meine. Susel war damals zwölf Jahre alt, aber weit über ihre Jahre gereift und nachdenklich. Ich hatte nie mit den Kindern über meinen Glau-

Ediths älteste Schwester Else, geboren am 29. 6. 1876 in Gleiwitz, vermählt mit Dr. Max Gordon. Else starb am 23. 11. 1954 in Bogotà/Kolumbien.

Ediths Mutter Auguste Stein geb. Courant, geboren am 4. 10. 1849 in Lublinitz, vermählt mit dem Holzkaufmann Siegfried Stein. Sie starb in Breslau am 14. 9. 1936.

benswechsel sprechen dürfen. Aber jetzt hatte Erna ihnen alles gesagt; ich war ihr dankbar dafür. Ich bat das Kind, die Großmutter oft zu besuchen, wenn ich fort wäre. Sie versprach es. »Warum tust du das *jetzt*?« fragte sie. Ich hörte gut heraus, was für Gespräche der Eltern sie mit angehört hatte. Ich gab ihr meine Gründe an wie einem Erwachsenen. Sie hörte nachdenklich zu und verstand.

Zwei Tage vor meiner Abreise suchte mich ihr Vater (Hans Biberstein) auf. Er fühlte sich gedrängt, mir seine Einwände zu sagen, obwohl er sich keinen Erfolg davon versprach. Was ich vorhatte, schien ihm den Trennungsstrich zum jüdischen Volk noch schärfer zu ziehen – jetzt, wo es so bedrängt wurde. Daß es von meinem Standpunkt ganz anders aussah, konnte er nicht verstehen.

Der letzte Tag, den ich zu Haus verbrachte, war der 12. Oktober, mein Geburtstag. Es war zugleich ein jüdischer Festtag, der Abschluß des Laubhüttenfestes. Meine Mutter besuchte den Gottesdienst in der Synagoge des Rabbinerseminars. Ich begleitete sie, weil wir diesen Tag möglichst ganz gemeinsam verbringen wollten. Erikas Lieblingslehrer, ein bedeutender Gelehrter, hielt eine schöne Predigt. Auf dem Hinweg in der Straßenbahn hatten wir nicht viel gesprochen. Um einen kleinen Trost zu geben, sagte ich, die erste Zeit sei nur eine Probezeit. Aber das half nichts. »Wenn du eine Probezeit auf dich nimmst, weiß ich, daß du sie bestehen wirst.« – Jetzt verlangte meine Mutter, zu Fuß heimzugehen. Etwa dreiviertel Stunde mit ihren 84 Jahren! Aber ich mußte es zulassen, denn ich merkte wohl, daß sie noch gern ungestört mit mir reden wollte.

»War die Predigt nicht schön?« »Ja.« »Man kann also auch jüdisch fromm sein?« »Gewiß – wenn man nichts anderes kennengelernt hat.« Nun kam es verzweifelt zurück. »Warum hast du es kennengelernt? Ich will nichts gegen ihn sagen. Er mag ein sehr guter Mensch gewesen sein. Aber warum hat er sich zu Gott gemacht?«

Nach Tisch ging sie ins Geschäft, damit meine Schwester Frieda während meines Bruders Mittagszeit nicht allein sei. Sie sagte mir aber, sie wolle sehr bald wiederkommen, und tat es auch (nur mir zulieb, sie war sonst immer noch den ganzen Tag im Geschäft). Es kamen nachmittags und abends viele Gäste, die Geschwister, alle ihre Kinder, meine Freundinnen. Das war gut, weil es etwas ablenkte. Aber schwer wurde es, als dann eines nach dem andern Abschied nahm und ging. Am Ende blieben meine Mutter und ich allein im Zimmer. Die Schwestern hatten noch mit Spülen und Wegräumen zu tun. Da legte sie das Gesicht in die

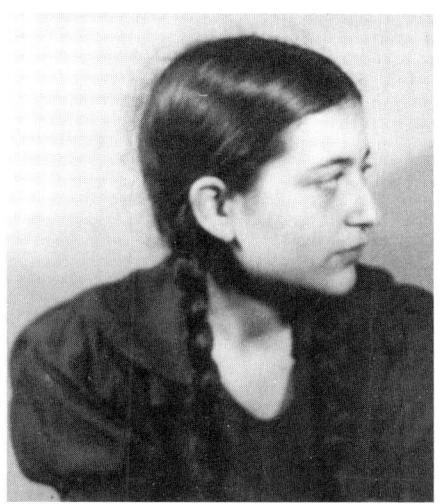

Ernas Kinder: Susanne M. Biberstein, geboren am 25. 9. 1921, und Ernst-Ludwig, geboren am 11. 11. 1922. Beide leben heute mit ihren Familien in den USA.

Bis 1933 wohnten im Haus Michaelisstraße 38 Auguste Stein mit ihren Töchtern Rosa und Frieda und ihrer Enkelin Erika Tworoger. Den größten Teil des Hauses benutzte die Familie Biberstein: Erna hatte im Erdgeschoß ihre Praxisräume; Wohn- und Arbeitszimmer lagen im ersten und zweiten Stockwerk. – Die evangelische Kirchengemeinde, die sich um die leerstehenden Räume bewarb, war die Pfarrei »Zu den Elftausend Jungfrauen« in der Elbingstraße, also in nächster Nähe des Steinschen Anwesens. Der Hauptpastor, der die Mietverhandlungen mit Edith Stein führte, hieß Walther Lierse. Er mietete die Räume für das evangelische Jungmännerwerk der Pfarre und die Wohnung des Küsters und Diakons Lillge, der als Jugendwart amtierte. – In den Adreßbüchern der Stadt Breslau sind nach dem Tod von Auguste Stein nur noch Rosa Stein und Elfriede Tworoger als Bewohner verzeichnet; ab 1940 – nachdem Rosa in Echt Zuflucht gefunden hatte – nur Elfriede Sara Tworoger (1940); 1943 ist niemand mehr aus der Familie Stein angeführt. Als Eigentümer wird Maurermeister Oskar Jandel genannt.

Hände und fing an zu weinen. Ich stellte mich hinter ihren Stuhl und nahm den silberweißen Kopf an meine Brust. So blieben wir lange, bis sie sich zureden ließ, zu Bett zu gehen. Ich führte sie hinauf und half ihr beim Auskleiden – zum erstenmal im Leben. Dann saß ich noch auf ihrem Bett, bis sie selbst mich schlafen schickte. Wir haben wohl beide in dieser Nacht keine Ruhe gefunden.

Mein Zug ging etwa früh um 8 Uhr ab. Else und Rosa wollten mich zur Bahn begleiten. Erna hatte auch zum Bahnhof kommen wollen. Aber ich bat sie, lieber früh zu uns ins Haus zu kommen und bei meiner Mutter zu bleiben. Ich wußte, daß sie sich von ihr am ehesten beruhigen ließ. Wir beiden Jüngsten hatten der Mutter gegenüber immer die Kinderzärtlichkeit beibehalten. Die älteren Geschwister scheuten sich davor, obgleich ihre Liebe sicher nicht geringer war.

Um halb sechs Uhr ging ich wie immer aus dem Haus, zur ersten hl. Messe in der Michaeliskirche. Dann fanden wir uns am Frühstückstisch zusammen. Erna kam gegen sieben Uhr. Meine Mutter versuchte etwas zu nehmen, aber bald schob sie die Tasse zurück und fing an zu weinen wie am Abend vorher. Ich ging wieder zu ihr und hielt sie umfaßt, bis es Zeit wurde zu gehen. Dann winkte ich Erna, daß sie meinen Platz einnehmen sollte. Ich legte Hut und Mantel im Nebenzimmer an. Dann kam der Abschied. Meine Mutter umarmte und küßte mich sehr herzlich. Erika dankte mir für alle Hilfe. (Ich hatte mit ihr für ihre Mittelschullehrerprüfung gearbeitet; und während ich die Koffer packte, kam sie mit ihren Fragen). Am Schluß fügte sie hinzu: »Der Ewige steh dir bei.« Als ich Erna umarmte, weinte meine Mutter laut auf. Ich ging schnell hinaus. Rosa und Else folgten mir. Als die Straßenbahn an unserem Haus vorbeifuhr, war niemand am Fenster, um – wie sonst – noch zum letzten Lebewohl zu winken.

An dem Bahnhof mußten wir etwas warten, bis der Zug einfuhr. Else klammerte sich fest an mich. Als ich dann einen Platz belegt hatte und zu den Schwestern hinuntersah, war ich betroffen über die Verschiedenheit der beiden Geschwister. Rosa war so ruhig, als ginge sie mit mir in den Frieden des Klosters. Else aber sah in ihrem Schmerz plötzlich aus wie eine alte Frau.

Endlich setzte sich der Zug in Bewegung. Die beiden winkten noch, solange irgend etwas zu sehen war. Schließlich verschwanden sie. Ich konnte mich auf mein Plätzchen im Abteil zurückziehen. So war es nun doch wirklich, was ich kaum noch zu hoffen gewagt hatte. Es

48

Ediths Bruder Paul Stein und seine Frau Gertrude (geb. Werther) wohnten 1933 in Breslau XXI, Yorkstraße 16. Paul wurde am 19. 5. 1872 in Gleiwitz geboren, Gertrude 1872 in Glogau; beide starben 1943 in Theresienstadt.

Ediths Schwester Frieda – geboren am 11. 12. 1891 in Lublinitz, vermählt ca. 1909 – kehrte nach kurzer Ehe mit ihrer Tochter Erika ins Haus der Mutter zurück. Sie war Prokuristin in der Firma Stein; im Haushalt besorgte sie die Wäsche. Frieda starb in Theresienstadt (angeblich an Typhus), vermutlich 1943.

◁

Der im Holzgeschäft der Mutter tätige Bruder Ediths hieß Arno. Er war verheiratet mit Martha Kaminski und hatte vier Kinder: Wolfgang, Eva, Helmut und Lotte. Arno emigrierte mit seiner Familie in die USA; im Oktober 1938 verabschiedete er sich im Kölner Karmel von seiner Schwester Edith. – Arno wurde am 9. 9. 1879 in Gleiwitz geboren und starb am 14. 2. 1948 in San Francisco. – Das Bild zeigt die beiden jüngsten Kinder von Arno und Martha Stein.

49

konnte keine stürmische Freude aufkommen. Dazu war das zu schrecklich, was hinter mir lag. Aber ich war tief beruhigt – im Hafen des göttlichen Willens.

Es war spät abends, als ich in Köln ankam. Mein Patenkind hatte es sich erbeten, daß ich noch einmal die Nacht bei ihnen zubringen sollte. In die Klausur sollte ich erst am nächsten Tage nach der Vesper aufgenommen werden. Ich meldete früh telefonisch meine Ankunft im Kloster und durfte zur Begrüßung ans Gitter kommen. Nach dem Mittagessen waren wir bald wieder zur Stelle, um in der Kapelle der Vesper beizuwohnen: der I. Vesper unserer hl. Mutter. Als ich vorher im Presbyterium kniete, hörte ich an der Sakristeiwinde flüstern: »Ist Edith draußen?« Dann wurden große weiße Chrysanthemen gebracht. Lehrerinnen aus der Pfalz hatten sie zur Begrüßung geschickt. Ich sollte sie sehen, ehe sie als Altarschmuck verwendet wurden. Nach der Vesper mußten wir noch zusammen Kaffee trinken. Dann kam eine Dame, die sich als Schwester unserer lieben Mutter Teresia Renata vorstellte. Sie fragte, welche von uns die Postulantin sei, sie wollte etwas Mut zusprechen. Aber dessen bedurfte es nicht. Diese Beschützerin und mein Patenkind begleiteten mich zur Klausurtür. Endlich tat sie sich auf, und ich überschritt in tiefem Frieden die Schwelle zum Hause des Herrn.

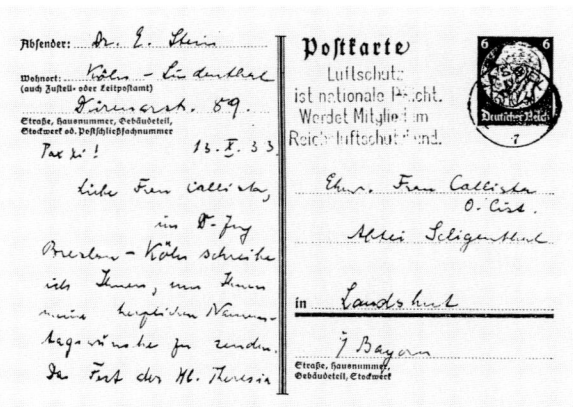

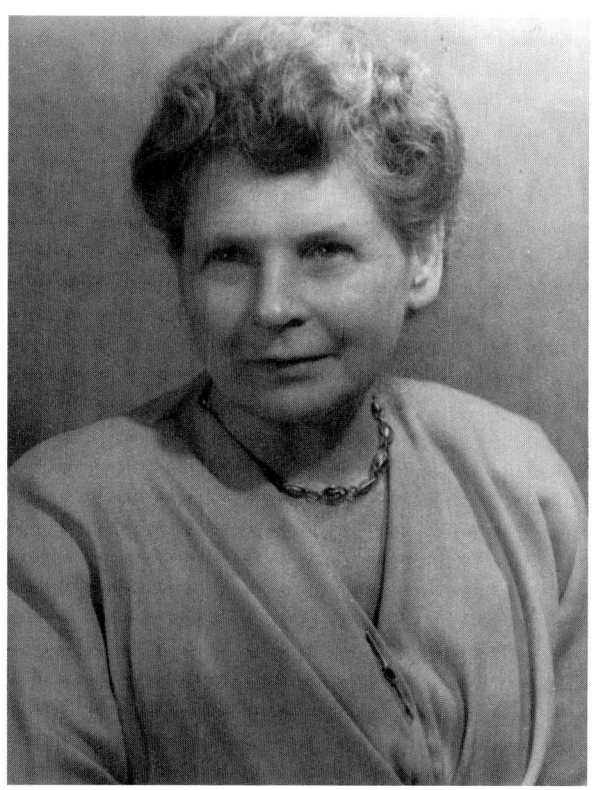

Die »Winde« war ein in der Mauer angebrachter Drehkasten zum Durchreichen von Gegenständen zwischen Klosterpforte und Klausurbereich, ohne daß sich eine Öffnung und Kontaktmöglichkeit ergab – damals strenge Vorschrift in klausurierten Frauenklöstern.

Meta Seifert, geb. Posselt, die Schwester der Novizenmeisterin Renata Posselt, begleitete Edith zur Klausurtür.

◁

Edith schrieb von der Fahrt nach Köln noch Kartengrüße. Zwei sind erhalten geblieben: an Frau Callista Brenzing OCist. und an Dr. Roman Ingarden, den Studienfreund. Die Karten sind in Kassel abgestempelt.

51

MARIA AMATA NEYER

Der rechte Ort

»... wohin ich längst gehörte ...«

An der Innenseite der Klausurtür erwarteten die Priorin Mutter Josefa und die Subpriorin Mutter Teresia Renata – zugleich Novizenmeisterin – den Ankömmling. Sie führten Edith zu kurzer Anbetung in das Schwesternchor, dann in das Rekreationszimmer, wo die übrigen Schwestern versammelt waren, um die Postulantin zu begrüßen.

Das Postulat ist eine Probezeit von wenigstens sechs Monaten, die dem Noviziat gemäß den Vorschriften des Kanonischen Rechtes vorausgeht. »Das Postulat muß unter der besonderen Leitung der Novizenmeisterin gemacht werden«, lesen wir im damals gültigen Satzungsbüchlein, »und zwar soll die Postulantin eine entsprechend bescheidene Kleidung tragen.« – Edith Stein trug beim Eintritt ein einfaches Kleid aus schwarzem Samt; nun erhielt sie die damals für Postulantinnen übliche Pelerine und das zugehörige schwarze Häubchen.

Das Postulat hat den Zweck, der Neueintretenden Raum für das Einleben zu gewähren, ihr Zeit zu geben für das Kennenlernen der Mitschwestern, der Tagesordnung, des Chorgebetes, der Hausbräuche. Die Postulantin nimmt teil am Unterricht der Novizinnen, aber besondere Aufgaben werden ihr in der Gemeinschaft noch nicht übertragen.

Wie jeder anderen Postulantin wurde auch Edith Stein Frühstück und Nachmittagskaffee – im Karmel damals nicht gebräuchlich – sowie verlängerte Nachtruhe verordnet. Bald fühlte sie sich gesundheitlich besser als je zuvor. Die überanstrengte Dozentin blühte förmlich auf; sie wirkte wie um viele Jahre verjüngt – so das allgemeine Urteil.

Möglicherweise hatte Edith Stein recht rigorose Wünsche nach Bußübungen und »Abtötungen« über die Klausurschwelle mitgebracht. Im Karmel beeindruckte das niemanden. Die meisten Mitschwestern hatten viele Jahre im Orden zugebracht und erwarteten keineswegs neue Vorbilder für Tugend und Lebensstrenge.

Die ersten Briefe Ediths aus dem Karmel verraten noch etwas von den zurückliegenden schweren Wochen. Aber stärker als all dies ist schon bald die Dankbarkeit, im Karmel zu sein. Diese Verwirklichung des lange Ersehnten, so sagt sie, scheine ihr noch wunderbarer als eine sofortige Erfüllung.

52

Das Rekreationszimmer, in dem Edith Stein von den Mitschwestern begrüßt wurde. Nach der Anordnung Teresas von Avila sollte an Werktagen auch in den Rekreationszeiten gearbeitet werden. Das Arbeitsgerät stellte man dabei auf den Fußboden. An schönen Tagen ging man mitsamt den Stühlen in den Garten hinaus.

Das Gemeinschaftsleben, in das Edith Stein eintrat, war ihr nicht so fremd, wie sich vielleicht vermuten läßt. Die Zahl der Mitschwestern erreichte längst nicht die Zahl der Familienmitglieder, wenn daheim in der Breslauer Michaelisstraße die Stein-Courantsche Verwandtschaft versammelt war. Die älteste der Kölner Karmelitinnen war nur wenige Jahre jünger als Ediths Mutter, die Priorin gleichaltrig mit Ediths ältester Schwester und die Novizenmeisterin so alt wie Edith selbst.
Die Noviziatsgefährtinnen freilich waren um fast 20 Jahre jünger. Daß sie aber, wie die erste Biographie sich ausdrückt, »von der demütigen

Anpassungswilligkeit der gereiften Frau eine dauernde Selbstbeherrschung gefordert« hätten, darf man bezweifeln. Die Junglehrerinnen in Speyer und die Studentinnen in Münster waren junge Leute gewesen, und Edith hatte gern mit ihnen gearbeitet. Nun plaudert und scherzt sie aufs unbefangenste mit den Novizinnen, erzählt aus ihrem bewegten Leben und spielt mit ihnen Theater. Allerdings wäre keine der Mitschwestern fähig gewesen, ihren Gedankengängen zu folgen, hätte sie den Versuch gemacht, sie in ihre Geisteswelt einzuführen. Aber diese Art der Einsamkeit, selbst inmitten der nächsten und liebsten Menschen, war Edith Stein

53

vertraut; sie gehörte längst zu ihrem Leben. So erscheint ihr das Leben im Karmel nicht schwer. Der einfache Lebensstil, den sie vorfand, kam ihrer Natur entgegen. Auf Komfort und Eleganz muß sie nicht schmerzlichen Verzicht leisten: sie widersprechen ihrem Wesen. Fasten, Schlafentzug, das Meiden unnützer Reden war ihr nicht Überwindung, sondern Bedürfnis. Man kann durchaus vermuten, daß auch die langjährige Übung intensiver geistiger Arbeit eine gute Vorschulung für den Karmel war. Sie entrückte Edith der Gefahr, die Therese von Lisieux auf die Karmelitin lauern sieht: sich um sich selbst zu drehen.

Was Edith Stein selbst keine Sorgen machte, das bekümmerte ihre Freunde, zum Beispiel den Erzabt von Beuron, Raphael Walzer. »In der Tat«, so erklärt er uns, »das tägliche Zusammenleben in einem strengklausurierten Orden, einem räumlich sehr engen, mitten in der Stadt gelegenen Konvent unter lauter Laien, wie es praktisch den Anschein hatte, schien mir selbst für eine heroisch veranlagte Seele wie Edith Stein ein allzu gewagtes Stück. Ich täuschte mich vollständig ... Sie fühle sich ganz daheim mit Herz und Geist, gab sie mit der ihr eigenen Lebhaftigkeit einer feurigen Natur zur Antwort«, als er sie um eine »undiplomatische« Auskunft bat, wie sie sich in die Gemeinschaft eingelebt habe (G I/W). Erzabt Walzer hielt das nicht für ein Gnadenwunder, sondern für die Frucht ihres natürlichen und übernatürlichen Reifens, einer tief im Seelengrund wur-

Eine der Zellen im Lindenthaler Karmel; sie waren nicht heizbar.

zelnden Bereitschaft zu allem, was der Karmelalltag bringen würde.

Dieser Alltag brachte für Edith Stein aber auch eine Schwierigkeit, mit der sie nicht gerechnet hatte. »Es ist oft darüber gesprochen worden«,

54

Das Refektorium des Lindenthaler Karmels. Auf dem der Priorin und der Subpriorin vorbehaltenen Tisch hatte (damals) ein Totenkopf zu liegen. Es ist nicht überliefert, daß er Edith Stein beeindruckte.

Zellengang im 1. Stock.

bestätigt uns die Philosophin Hedwig Conrad-Martius, »wie ein so intellektueller, so hochgebildeter Mensch sich in die enge tägliche Gemeinschaft von zum größten Teil ganz einfachen Frauen hat hineinfinden können. Aber ge-

rade hier lagen nicht ihre Schwierigkeiten. Die bestanden mehr im Lernen der komplizierten Regeln« (F II 30, 74). Damit meint sie nicht die Ordensregel des Karmel; die ist kurz und einfach. Was sie meint, hatte Edith Stein ihr ge-

55

schrieben, als sie schon 14 Monate im Karmel weilte: »Ich habe das Gefühl, daß das eigentliche Noviziat erst vor kurzem begonnen hat, seitdem das Eingewöhnen in die äußeren Verhältnisse – Zeremonien, Bräuche und dergl. – nicht mehr soviel Kraft verbraucht ...« (IX, 189). Zunächst interessiert uns die Frage: Wie waren Edith Steins Tage im Karmel ausgefüllt? Die damals geltende Tagesordnung hat sie mehrfach für Freunde aufgeschrieben mit der Bitte, das für die Besuchsstunden zu berücksichtigen. Da lesen wir zum Beispiel: »... nun will ich Ihnen die Tagesordnung schreiben. Im Sommer:

Tabernakel im Chorgitter, zur Anbetungsstunde geöffnet.

½5	Aufstehen	12–1	Mittagsruhe
5–6	Betrachtung	1–2	Arbeit
6–7	Prim/Non		(für uns ½2 Noviziat)
7	hl. Messe	2	Vesper, dann
8–9.53	Arbeitszeit		geistliche
9.53	Gewissenserforsch.		Lesung
10	Mittagessen	3–4¾	Arbeit
	1 Std. Rekreation		dann Kreuzweg

5–6	Betrachtung
6	Nachtessen, dann Rekreation
	(jetzt 7.20 Maiandacht)
7½	Komplet und Nachtgebet
8–9	Zelleneinsamkeit
9	Mette + Laudes, Gewissenserforschung,
	Vorbereitung der Morgenbetrachtung

Im Winter wird um ½6 aufgestanden, um 11 Uhr Mittagessen, und die Mittagsruhe fällt fort« (IX, 171). Einmal fügte sie hinzu: »Mittwoch und Samstag sind Kehrtage (nicht Ein-

(weiter Seite 64)

Nonnenchor, mit geschlossenem Gitter zur Kirche hin.

56

Gesamtansicht des Gartens.

Gartenhäuschen, von den Schwestern selbst errichtet, war ein beliebter Sommeraufenthalt für Exerzitantinnen.

Innenhof – Quadrum – des Klosters.

◁ Gartenseite des Hauses.

ORDINARIUM
ODER
ZEREMONIALE
DER SCHWESTERN DES ORDENS DER SELIGSTEN JUNG- FRAU MARIA VOM BERGE KARMEL

DEUTSCHE ÜBERSETZUNG
DER DEM ORDEN GEMEINSAMEN AUSGABE

WIEN 1932
VERLAG DES PROVINZIALATES DER KARMELITEN
WIEN, XIX., SILBERGASSE 35

Wenn Edith Stein im zweiten Jahr ihres Ordenslebens, damals im 45. Lebensjahr, erleichtert feststellt, daß nun »das Eingewöhnen in die äußeren Verhältnisse – Zeremonien, Bräuche und dergleichen – nicht mehr so viel Kraft verbraucht«, dann ist das auf das Zeremoniale gemünzt, das in 452 Einzelvorschriften jeden Schritt und Tritt und Handgriff regeln zu müssen meint. Sie denkt dabei wohl auch an die vielen alten und gar veralteten Hausbräuche, die in keinem Buch standen, denen aber Gewohnheit und Herkommen ein schwer zu umgehendes Gewicht verliehen. Edith Stein hat einmal die Befürchtung geäußert, das Zeremoniale und die »Bräuche« könnten ihr zur ernstlichen Klippe werden.

58

BREVIARIUM ROMANUM
EX DECRETO SS. CONCILII TRIDENTINI
RESTITUTUM
S. PII V PONTIFICIS MAXIMI
JUSSU EDITUM
ALIORUMQUE PONTIFICUM
CURA RECOGNITUM
PII PAPÆ X
AUCTORITATE REFORMATUM
PRO FRATRIBUS ET MONIALIBUS DISCALCEATIS
ORDINIS B. VIRGINIS MARIÆ
DE MONTE CARMELO

PARS AUTUMNALIS

1931
RATISBONÆ, TYPIS FRIDERICI PUSTET
S. SEDIS APOSTOLICÆ ET S. RITUUM CONGREG. TYPOGRAPHI

Keine Schwierigkeiten bereitete Edith Stein das Beten des lateinischen Breviers; sie hatte es seit langem schon regelmäßig verrichtet. Der Herbstband war der erste des damals vierteiligen römisch-karmelitanischen Breviers, mit dem sie ihr Ordensleben begann.

Gartenecke in der Klausur.

Das Haus, in das Edith Stein eintrat, stammte aus der Zeit der Jahrhundertwende. Das Foto zeigt eine Architektenzeichnung vom ersten Stockwerk (die Zeichnung für das Erdgeschoß ist nicht erhalten). Die Klosterkirche, durch einen schmalen Vorgarten von ihr getrennt, und das Pfortenhaus lagen an der Dürener Straße. Dahinter, von der Straße aus nicht sichtbar, fügten sich die hufeisenförmig um einen kleinen Innenhof angeordneten Klostergebäude an. Der Querflügel dieser Anlage ging zum Garten hinaus, der nicht groß, aber von den Schwestern liebevoll angelegt war. Das Haus war mit größter Sparsamkeit erbaut worden und machte einen eher ärmlichen Eindruck. Nur wenige Räume waren heizbar, noch weniger hatten fließendes Wasser. Die Einrichtung der Zellen war denkbar anspruchslos. Die Zelle Edith Steins lag im ersten Stock – auf der Zeichnung die dritte links – und bot einen freundlichen Ausblick in den Innenhof.

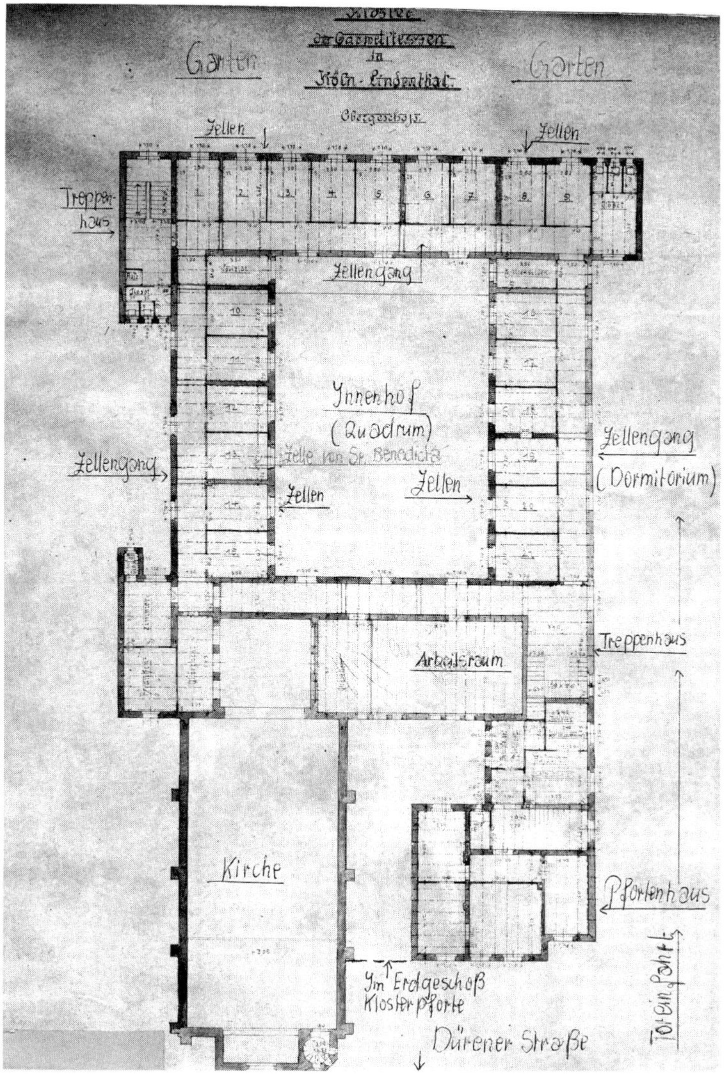

59

Als Studentin hatte Edith geschrieben: »Wir liebten es gar nicht, wenn wir zum Staubwischen oder Geschirrspülen abkommandiert wurden.« Die großzügigen Geschwister dispensierten sie von diesen häuslichen Verrichtungen. Die Philosophin fügte hinzu: »Es ergab sich daraus eine Einseitigkeit der Ausbildung, die ich später noch oft bedauern sollte«, zum Beispiel – so darf man vermuten – im Karmel. Da aber Edith Stein sich nie von derlei Arbeiten ausschloß, so lernte sie auch die große Klosterküche von innen kennen.

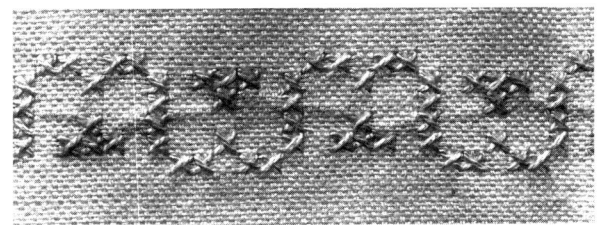

Die Regel des Karmel ist kurz und einfach; manche ihrer Kapitel bestehen nur aus einem einzigen Satz. Zwei Schwestern aus dem Kölner Karmel schrieben ihre Ordensregel kunstvoll auf Büttenpapier. Das Bild zeigt eine der Seiten; sie handelt in aller Kürze »Von der Wahl der Orte«. Die Karmelregel ist eine Regel für Mönche. Teresa von Avila paßte sie durch eigene Satzungen für Frauenklöster des 16. Jahrhunderts an.

Als Postulantin hatte man Edith Stein dem Nähzimmer zugewiesen. Zu ihrem Kummer lag ihr das gar nicht. Für die Rekreationszeit, in der nach Teresas Anordnung stets eine Beschäftigung mitzubringen ist, hatte man ihr eine leichte Kreuzsticharbeit vorbereitet; das machte ihr Vergnügen.

60

Die von Edith erwähnte »jüngere Freundin« war Franziska (»Fränzi«) Ernst, geboren am 21. 12. 1904 in Metz. In das Haus ihrer Eltern, in dem viele bedeutende Menschen verkehrten, hatte Erich Przywara SJ Edith Stein eingeführt; sie hat dort das erste Weihnachtsfest nach ihrer Konversion verbracht und auch später manchen Besuch gemacht (siehe Eintragung im Gästebuch der Familie Dr. Ernst).

Bei einer Durchreise von London nach Frankfurt traf sich Fränzi in Köln mit Edith Stein in der Pfortenwohnung des Karmels (Anfang August 1933). Die Freundschaft dieser beiden sehr verschiedenen Menschen hat die Trennung durch Edith Steins Übersiedlung nach Echt überdauert. Edith Steins Briefe an die Jüngere sind ein bewegendes Beispiel für Einfühlung und behutsame Zurechtweisung. Fränzis Einkleidung als Sr. Maria von Gott war die erste, die Edith Stein nach ihrer eigenen im Karmel miterlebte. Fränzis Temperament und vielseitige Gaben haben durch Jahrzehnte Bewegung und neue Ideen in den Kölner Karmel gebracht. Allerdings: »Das Eruptive ist immer meine Gefahr«, schrieb Sr. Maria noch im Alter an Przywara. Sie starb in Köln am 7. 2. 1981.

61

Am Vormittag des ersten Adventssonntags, am 3. Dezember 1933, empfing Karl Josef Kardinal Schulte in seinem Erzbischöflichen Palais die fünf für die Neugründung bestimmten Schwestern, die nun aus seinem Bistum ausschieden. Das Foto wurde an diesem Tage im Klausurgarten des Karmels aufgenommen. Es zeigt von links nach rechts: Sr. Zita von den Wunden Jesu (Gertraud Mattern), die im folgenden Jahr ihre ewigen Gelübde in Wendelborn ablegte; Sr. Gertrudis vom Heiligsten Herzen Jesu (Lucia Karger), die bisher Konventualin des Karmels von Bonn-Pützchen war; Sr. Marianna von Gott (Marianne Gräfin Praschma), erste Vikarin im neuen Karmel Wendelborn; Sr. Elisabeth von Jesus (Leopoldine Gräfin Stolberg-Stolberg), die in Rom in den Orden eingetreten war und im Mai 1933 ihre ewigen Gelübde in Pützchen abgelegt hatte; schließlich Sr. Maria vom Heiligen Geist (Elisabeth Opitz). Außer Sr. Elisabeth waren alle diese Schwestern gebürtige Schlesierinnen. Später gesellte sich ihnen die aus Dresden stammende Sr. Emmanuel von den Wunden Christi (Anna Ruhmich) bei, zuvor Konventualin des Karmels in Aachen. Sie kehrte später nach Aachen zurück. – Der Wendelborner Karmel hatte ein schweres Schicksal. Nach Krieg und Vertreibung kehrten drei der Gründerinnen in ihre Heimatklöster zurück. Die anderen fanden, zusammen mit den inzwischen Neueingetretenen, eine neue Heimat in Witten a. d. Ruhr, wo dieser Karmel heute noch besteht.

62

St. Teresia Margareta
vom Herzen Jesu

Die hl. Teresia Margareta
vom Herzen Jesu

von
Schw. Teresia Benedicta
a Cruce, O. C. D.

Imprimatur.

Coloniae, die 6. Aprilis 1934.

I/34.

J.Nr. 2729

Dr. David.
vic. gen.

Imprimi potest

Ratisbonae, die 25. Aprilis 1934.

P. Theodorus a. S. Francisco,
Provincialis.

Imprimatur.

Würzburg, den 28. April 1934.

Bischöfliches Ordinariat

Dr. Miltenberger.

Vom 1. bis 3. Juli 1934 feierte man im Kölner Karmel die Heiligsprechung der jungen Karmelitin Teresia Margareta Redi (1747–1770) aus Florenz. »Das kleine Lebensbild der neuen Heiligen habe ich schreiben dürfen«, erzählt Edith Stein in einem Brief vom 26. 6. 1934. Auch diese Kleinschrift verfaßte Edith Stein noch als Postulantin.

63

kehr, sondern Kehren der Zellen und Gänge!), darum weniger geeignet« (VIII, 166), nämlich für Besuche.

Aufmerksam verfolgte die Postulantin Edith das Gedeihen der für Breslau geplanten Karmelgründung. Sie rechnete damals noch damit, in naher Zukunft dorthin übernommen zu werden. »Am 1. Adventssonntag«, so schreibt sie am 29. 11. 1933, »feiern wir Abschied von unseren Schwestern, die Montag früh endgültig nach Breslau gehen« (VIII, 162).

Die durch die Neugründung freigewordenen Plätze füllten sich bald wieder. Man meint Edith Steins Freude herauslesen zu können, wenn sie schon am 11. 12. schreiben kann: »Denken Sie, es ist mir schon eine jüngere Freundin in den Karmel nachgefolgt und ist seit Donnerstag bei uns. Wenn wir uns nun im Chor gegenüber stehen oder in Prozession nebeneinander gehen, ist es mir immer ganz eigen, wie wunderbar Gottes Fügungen sind« (C V 6).

Die meisten Schwestern im Karmel waren mit häuslichen Verrichtungen befaßt. Manches – große Wäsche, Hausputz, Obst- und Gemüseputzen – wurde gemeinsam erledigt; anderes – die Lesung bei Tisch, das Tischdienen, das Läuten der Glocken – wurde, allwöchentlich reihum, abwechselnd von den Schwestern übernommen. Von solcher Mitarbeit hat sich Edith Stein niemals ausgenommen.

»An sich gilt es bei uns gleich«, schrieb sie an einen Freund, »ob man Kartoffeln schält, Fenster putzt oder Bücher schreibt. Im allgemeinen verwendet man aber die Leute zu dem, wozu sie am ehesten taugen, und darum habe ich sehr viel seltener Kartoffeln zu schälen als zu schreiben. Anfangs waren es kleine Sachen, rein religiöse oder Buchbesprechungen« (XIV, 160). »Wir haben drei ›Schriftstellerinnen‹ im Hause«, fügt sie hinzu. Auch künstlerische Gaben wurden im Karmel gefördert, soweit es möglich war: Musik, Stickerei, Kunsthandwerk.

Mit einer Fortsetzung ihrer philosophischen Arbeit hatte Edith Stein beim Eintritt in den Orden nicht gerechnet. Aber schon früh erhielt sie den Auftrag, ihre unvollendeten Studien für den Druck fertig zu machen. »Die Tagesordnung des Karmel«, stellt sie dazu fest, »läßt sehr wenig Zeit für wissenschaftliche Arbeit. Daß mir schon im Noviziat die Möglichkeit gegeben wird, ist eine Ausnahme« (IX, 181). Wiederholt läßt sie das Begonnene von Fachleuten beurteilen, denn »eine solche Arbeit paßt doch sehr schlecht in unseren Rahmen hinein und verlangt nicht nur von mir, sondern auch von meinen lieben Mitschwestern manches Opfer. Das möchte man doch nicht in Anspruch nehmen, wenn es nicht lohnt« (IX, 213).

Zum Selbstverständnis einer Karmelitin gehörte nämlich vor allem die »Observanz«: Die Beobachtung aller klösterlichen Vorschriften ohne Abstrich, ohne Zugeständnisse, »ohne Milderung bis in den Tod« – so die frühere Gelübdeformel (bis 1918) – stand im Mittelpunkt aller Selbst- und Fremdbeurteilung. Das Sat-

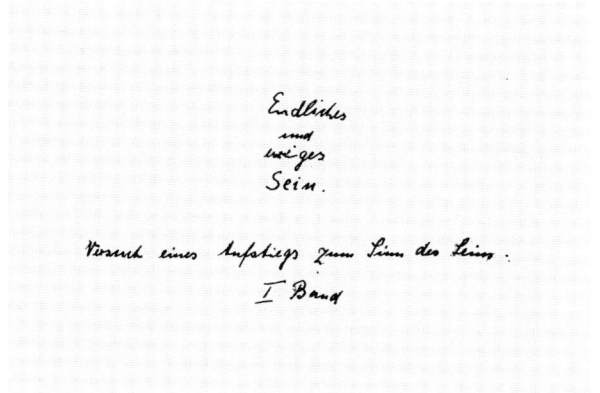

Vorblatt von Edith Steins Handschrift zu »Endliches und ewiges Sein«. Der Vergleich mit der ersten Seite des Inhaltsverzeichnisses (rechts) zeigt, daß die Autorin den Haupttitel des Werkes während der Arbeit geändert hat.

zungsbuch meint die Karmelitin warnen zu müssen, nicht etwa bloß die wichtigeren Punkte beobachten zu wollen; »nein, selbst die kleinsten Einzelheiten, die ... von gar keiner Bedeutung zu sein scheinen«, werden zum Maßstab erklärt, »nach dem Eure Seelen einst aufs strengste gerichtet werden« (»Gegeben zu Rom ... 1926«). Daß dieser Satz theologisch falsch, die dahinterstehende Einschätzung der Observanz nicht ungefährlich war, kann Edith Stein nicht entgangen sein.

Vor diesem Hintergrund ist der Weitblick der Vorgesetzten hoch zu werten, die Edith Steins philosophische Begabung förderten. Sie dispensierten sie von anderen Arbeiten und gaben ihr die Möglichkeit, durch Korrespondenz und

Konsultationen im Sprechzimmer das Fehlen wissenschaftlicher Hilfsmittel auszugleichen. Daß dies nicht bei allen Mitschwestern Anklang fand, deutet die zitierte Briefstelle an. Edith selbst fühlte bei solchen Arbeiten stark das eigene Unvermögen; dann ließ sie sich »immer wieder vor dem Tabernakel den Mut aufrichten« (IX, 204). Einem prominenten Kritiker ihrer früheren Arbeiten antwortete sie: »Ich wäre sehr froh, wenn ich nichts mehr zu schreiben bräuchte. Solange aber meine Vorgesetzten der Ansicht sind, daß ich durch meine Kenntnisse auf diesem Wege andern nützen könne und solle, muß ich es auf mich nehmen, daß die mir bekannten Mängel auch für andere sichtbar werden« (IX, 184).

Die erste schriftliche Arbeit Edith Steins im Karmel war die Übersetzung des Rituals zur Einkleidungsfeier. Die Heftchen konnten nun an die Teilnehmer des Festes verteilt werden. Edith Stein hat sie auch mehrfach an Freunde verschickt, die zur Feier nicht persönlich kommen konnten. ▷

Im Mai 1935 begann Edith Stein mit der Erarbeitung ihres großen Werkes »Endliches und ewiges Sein«. Unermüdlicher Helfer bei der Durchsicht und Korrektur der Druckbogen wurde Walter Warnach (* 14. 9. 1910 in Metz), Student der Philosophie, Germanistik und Romanistik, damals Doktorand bei Heinz Heimsoeth, später Professor für Philosophie an der Staatlichen Kunstakademie Düsseldorf. Walter Warnach lebt in Köln.

Fast alles, was Edith Stein in ihrer Ordenszeit geschrieben hat, erstellte ihre Freundin Dr. Ruth Kantorowicz als Maschinenabschrift. Sie wurde am 7. 1. 1901 in Hamburg geboren, konvertierte 1934 vom Judentum zum Katholizismus und zog später nach Köln-Lindenthal, 1937 zu den Ursulinen in Venlo/NL. Sie wurde wie Edith Stein am 2. 8. 1942 verhaftet und mit ihr in Auschwitz umgebracht.

66

Zeremonien am Tage
der Einkleidung einer Postulantin
im Orden der
Unbeschuhten Karmelitinnen.

𝒯𝑒𝓇𝑒𝓈𝒾𝒶 𝓋𝑜𝓃 𝒥𝑒𝓈𝓊𝓈

Von Sr. Teresia Benedicta a Cruce
(Edith Stein) O. C. D.

2.—6. Tausend.

Nihil obstat: 7 Sept. 1934
J. Desfossez, sacel.

Imprimatur: Friburgi Helv., die 8 Sept. 1934
L. Waeber, vic. gen.

Druck Hieronymus Mühlberger, Augsburg.

Ebenfalls noch als Postulantin verfaßte Edith Stein eine kleine, volkstümliche Lebensbeschreibung der heiligen Teresa von Avila. Im Druck erschien sie erst – »grausam gekürzt«, wie Edith schreibt – zum Theresienfest 1934, das zugleich Namenstag der Novizenmeisterin war.

Das Heiligtum

»Rettung aus verborgenen Quellen«

Die Postulatszeit endet mit der Einkleidung; dann beginnt das Kanonische Noviziat. Bei Edith Stein wurde die Einkleidungsfeier zu einem ungewöhnlichen Fest. Niemals zuvor hatte der Lindenthaler Karmel so viele Gäste versammelt gesehen. Die Feier machte nicht nur auf die zahlreichen Besucher einen tiefen Eindruck; auch Edith Stein selbst war glücklich. Noch Wochen hindurch hat sie Dankbriefe zu schreiben, und man fühlt die unbefangene Freude heraus, wenn sie die handunterschriebenen Andenkenbildchen und die am Festtag entstandenen Fotos mitschickt. Freilich, ihre Lieben aus Breslau waren, mit Rücksicht auf die Mutter, der Feier ferngeblieben. Die Geschwister hatten jedoch alle geschrieben.

Bei der Einkleidung erhält die Novizin das Ordenskleid. Die Tracht der Karmelitinnen besteht aus dem braunen Habit mit Ledergürtel und Skapulier (Schulterkleid). Eine einfache Kopfhülle mit dem (für die Novizinnen weißen, später schwarzen) Schleier bedeckt das Haar. Zu den feierlichen Gottesdiensten wird der weiße Chormantel getragen.

Von der Einkleidung an trägt die Novizin ihren Ordensnamen. Im Karmel ist es Brauch, zum Vornamen einen Zusatz zu tragen; oft kommt ihm größere Bedeutung zu als dem Rufnamen.

Der Zusatz weist darauf hin, so erklärt uns Edith Stein, »daß wir eine Berufung haben, im Sinne bestimmter Geheimnisse zu leben« (IX, 188). Sie selbst erbat sich den Namen Teresia Benedicta vom Kreuz; in der Gemeinschaft wurde sie Schwester Benedicta gerufen. Nun ist Edith wirkliche Karmelitin, Tochter der großen Teresa von Avila, »ihr Kind«, schreibt sie sogar. Erzabt Walzer greift zu demselben Bild, wenn er sagt, Edith Stein sei auf den Karmel zugeeilt in fröhlichem Vertrauen, ohne Zaudern und Bedenken, »wie ein Kind in die Arme seiner Mutter«.

»Sie können sich gar nicht denken«, schreibt sie an Gertrud von le Fort, »wie tief es mich jedesmal beschämt, wenn jemand von unserem ›Opferleben‹ spricht. Ein Opferleben habe ich geführt, solange ich draußen war. Jetzt sind mir fast alle Lasten abgenommen, und ich habe in Fülle, was mir sonst fehlte« (IX, 192).

Nicht Opferstätte ist ihr der Karmel, sondern Heiligtum. Dies Wort kehrt bei ihr oftmals wieder. Die Klausurtür ist für sie »die Schwelle zum Heiligtum« (IX, 158 u. a.), ja – zum »innersten Heiligtum der Kirche«. Dort weilen zu dürfen, erlebt sie als »Gnade einer außerordentlichen Berufung«, als »große«, als »übergroße«, »überreiche« Gnade.

67

Köln 10.IV.1934.

Die Postulantin Dr. Edith
Stein ist heute von
mir untersucht worden.
Sie ist gesund.
Dem Eintritt in den
Carmeliterinnenorden
steht nicht im Wege.

Dr. Eugen Hopmann.

EXAMEN Canonicum
----

für Frl. Dr. EDITH STEIN

aus Breslau

geb. 12.Oktober 1891

1. Wann sind Sie in das Postulat eingetreten?

2. Hat jemand gegen Ihren Willen bestimmend auf Ihre Berufswahl
   eingewirkt?

3. Sind Sie entschlossen, das Ordensleben nicht nur zu beginnen,
   sondern auch darin auszuharren?

4. Kennen Sie die Verpflichtungen, welche die Ordensregel Ihnen
   auferlegt?

5. Glauben Sie diese erfüllen zu können?

68

◁ *Einige Tage vor der Abstimmung im Konventkapitel wurde der Hausarzt gerufen. Er stellte sein Attest aus mit den Worten:*
»Die Postulantin Dr. Edith Stein ist heute von mir untersucht worden.
Sie ist gesund.
Dem Eintritt in den Carmeliterinnenorden steht nichts im Wege.
Dr. Eugen Hopmann«

Das Kapitelzimmer

◁ *Nach dem Kirchenrecht hatte der Einkleidung einer Postulantin ein Kanonisches Examen vorauszugehen. Die Fragen wurden der Kandidatin schriftlich vorgelegt. Der Klosterkommissar Dr. Lenné nahm bei Edith Stein das »Examen« ab.*

Heute am 15. Februar 1934, morgens gegen 7½ Uhr, wurde das Kapitel von der Priorin Schwester M. Josepha a SS. Sacr. einberufen zur Zeit, da der hochwürdige Pater Theodor a S. Fr. Provinzial unserer bayerischen Ordensprovinz vom hl. Kreuz war. Es wurde die Chorkandidatin Edith Stein den 12 Kapitularinnen zur Annahme zur hl. Einkleidung vorgeschlagen. Die Antwort war bejahend. Edith Stein ist geboren in Breslau, Diözese Breslau, am 12. Oktober 1891, als Tochter der Eheleute Herrn Kaufmann Siegfried Stein u. Frau Auguste geborene Courant.

Schwester M. Josepha a SS. Sacr., Priorin
Sr. Teresia Renata de Spir. Sto. I. Clav.
Schwester Maria Theresia II. Clavarin

Nach der Ordensvorschrift wird etwa zwei Monate vor der Einkleidung das Konventkapitel zusammengerufen; mittels weißer oder schwarzer Kugeln können die Schwestern in geheimer Abstimmung ihr Ja oder Nein zum Ausdruck bringen. Die Zahl der bejahenden oder verneinenden Stimmen darf weder schriftlich festgehalten noch der Kandidatin mitgeteilt werden. Die zustimmende Entscheidung wird der Postulantin in feierlicher Form kundgetan. Beide Akte fanden im Kapitelzimmer des Karmels statt. – Eintragung im Protokollbuch. Außer der Priorin unterschrieben die Novizenmeisterin Sr. Teresia Renata und die Seniorin Sr. Maria Theresia.

Hat Edith Stein nicht gewußt, daß der Karmel Stückwerk ist wie jedes Menschenwerk auf Erden? Sie wußte es. Jahre zuvor schon hatte sie in einem Vortrag ausgeführt: »Schauen wir hinter die Klostermauern, so sehen wir, daß selbst dort keineswegs der Durchschnitt (der Ordensleute) auf der Höhe des Ideals steht« (V, 13). Nun weilt sie inmitten solcher Mauern. Ihre vorzügliche, an Psychologie und Phänomenologie geschulte Beobachtungsgabe wird von vielen Menschen bestätigt. Ganz gewiß sind ihr die Schwächen und Schwierigkeiten des Kölner Karmels nicht verborgen geblieben.

Aber ihre Deutung des Karmellebens setzt tiefer an. Zu Beginn ihres Ordenslebens hat Schwester Benedicta einen Aufsatz geschrieben über »Das Gebet der Kirche«. Diese Studie legt den Gedanken nahe, daß ihr Bildwort vom Betreten des innersten Heiligtums verknüpft ist mit dem Tempeldienst des alten Jerusalem. Dort ist das Heiligtum die Wohnstätte des Allerhöchsten, Ort der Gegenwart Gottes, sein Gnadenthron. Wer dort eintrat, tat es nicht dank eigener Verdienste. Das Los bestimmte ihn dazu. Es war Auserwählung und Auftrag: Fürbitte zu tun und Sühne zu leisten für das Haus Israel, das ganze Volk Gottes.

Für Edith Stein ist der Karmel diese Stätte der Anbetung, des Lobopfers, des stellvertretenden Einstehens für alle. Diese Sicht bestätigt ihr die Geschichte des Berges Karmel, von dem der Orden seinen Namen hat. Auf dem Karmel, so erzählt die Heilige Schrift, lebte und betete

P. Theodor a Sancto Francisco (Rauch, * 22. 8. 1890, † 15. 9. 1972) war im Mai 1933 Provinzial der Bayerischen (Deutschen) Ordensprovinz geworden. Mit Dekret vom 21. 2. 1934 der Generalleitung des Ordens der Unbeschuhten Karmeliten gingen die rheinischen Karmelitinnenklöster aus der Provinz Brabant in die Bayerische über. P. Servatius-Maria wurde als Provinzial dieser Klöster nun von P. Theodor abgelöst. P. Theodor bat mit Schreiben vom 8. 4. 1934 um die Genehmigung des Kölner Kardinals Karl-Josef Schulte zur Einkleidung Edith Steins am 15. 4. Im Karmel äußerte er den Wunsch, daß Sr. Benedicta wieder schriftstellerisch arbeite.

70

Einkleidungsfeier im Kölner Karmel im Jahr 1939. Ganz ähnlich können wir uns die Feier der Einkleidung Edith Steins vorstellen. Damals hielt der Erzabt von Beuron, Raphael Walzer, die Ansprache. Auf dem Foto: Prälat Dr. Albert Lenné bei der Festpredigt.

▷

Schreiben des Provinzials P. Theodor an den Kölner Erzbischof Karl-Josef Kardinal Schulte.

Regensburg, den 8.April 1934.

Provincialat der
Unbeschuhten Karmeliten
Regensburg, Alter
Kornmarkt 7.

Eminenz!

Hochwürdigster Herr Kardinal

und Erzbischof!

Vom General-Definitorium unseres Ordens zu Rom wurde mir durch Decret vom 21.Februar 1934 mitgeteilt, dass Euer Eminenz mit dem Uebergang der Delegation über die zur Erzdiözese Köln gehörenden Karmelitinnenklöster Köln und Pützchen vom Provincial der Provinz Brabant auf den Provincial der Provinz Bayern einverstanden seien. Das General-Def.gab seine Zustimmung, und ich erkläre mich bereit die geistliche Leitung der Schwestern zu übernehmen, soweit Euer Eminenz mir dieselbe übertragen wollen.

Am 15.April trifft nun die Einkleidung von Frl. Dr.Edith Stein. Es ist der Wunsch der Schwestern, dass ich die Einkleidung halten möchte, während für die Ansprache der Hochw. Herr Erzabt von Beuron gewünscht wird. Für diese beiden Funktionen erbitte ich die gütige Erlaubnis Euer Eminenz. Ebenso für die kanonische Visitation, die ich in den darauffolgenden Tagen abhalten möchte.

Auf Wunsch des Pater General-Definitors Clemens möchte ich auch noch anfragen, wie es mit der Aufnahme, sowie der Einkleidung und den Professen der Schwestern gehalten werden soll, d.h. welche Vollmachten mir Euer Eminenz in diesen Betreffen übertragen wollen.

Eine gütige Antwort bitte ich nach Köln-Lindental richten zu wollen, da ich am 14.dort eintreffen und dann noch mehrere Tage(dort) bleiben werde.

Mit der Bitte um den Heiligen Segen und ehrfurchtsvollsten Grüssen bin ich

Euer Eminenz

ergebenster

[Unterschrift]

Provincial.

71

Rosa Stein hatte ihrer Schwester Edith für die Einkleidungsfeier die Seide zum Brautkleid geschenkt. Sie
wurde – wie es damals häufig geschah – zu einem Meßge-
wand verarbeitet. Es war eine einfache weiße Kasel, die
Edith Stein später oft am Altar der Klosterkirche gesehen
hat. – Nach Jahren wurde die Seide nochmals umgearbei-
tet und kostbar bestickt. Papst Johannes Paul II. trug das
umgestaltete Gewand zur Feier der Seligsprechung in
Köln (am 1. 5. 1987).

Zur Einkleidung erhielt Edith Stein unter anderem von
einer Bekannten die Beuroner »Mutter des Lebens« als
kleine Statue geschenkt. »Wir haben sie in unserem Noviziat auf einem Barockaltärchen«, schreibt Edith Stein.
»P. Desiderius hat sie sich gewiß nicht in solcher Umge-
bung gedacht... Aber wir sind froh über unseren Altar
und unsere Madonna.« P. Desiderius Lenz OSB war
Malermönch und Begründer der Beuroner Kunstschule
(* 1832 in Haigerloch, † 1928 in der Abtei Beuron).

72

Mit hoher Genehmigung Seiner Eminenz, des hochwürdigsten Herrn Kardinal Dr. Karl Joseph Schulte, Erzbischof von Köln, erhielt heute, den 15. April 1934, morgens gegen 10 Uhr, die Chorpostulantin Edith Stein aus Breslau, Diözese Breslau, das heilige Ordenskleid. Sie erhielt den Namen Schwester Theresia Benedikta a Cruce. Der hochwürdige Pater Theodor a S. Fr. war zur Zeit Provinzial unserer bayrischen Ordensprovinz vom hl. Kreuz u. Schwester M. Josepha a SS. Sacr. Priorin hierselbst.

Die Feier wurde von dem hochwürdigen Pater Provinzial Theodor a S. Fr. vorgenommen, Hochamt u. Ansprache hielt der H.H. Erzabt von Beuron.

Schwester M. Josepha a SS. Sacr. Priorin
Schw. Teresia Renata de Spir. Sto. I. Clav.
Schw. Maria Theresia II. Clavarin.

Auch die vollzogene Zeremonie muß in das Protokollbuch des Klosters eingetragen werden. – P. Provinzial Theodor benutzte seine Anwesenheit in Köln, um in den nächsten Tagen die Kanonische Visitation zu halten. Er brachte seinen Sichtvermerk unter der Eintragung der Einkleidung an.

J + M.
Vidi in Visitatione regulari canonica.
Coloniae, die 18. Aprilis 1934.
fr. Theodorus a S. Francisco,
Provincialis.

Bei geöffnetem Gitter konnten die Schwestern vom Chor aus den Gottesdiensten in der Klosterkirche folgen. »Bei geöffnetem Gitter«, das hieß: bei zurückgelegten Holzläden, die sonst das Doppelgitter zusätzlich abschlossen. Für besondere Zeremonien konnte unter dem Tabernakel das »Zeremonienfenster« geöffnet werden. Die heilige Kommunion empfingen die Schwestern durch das »Kommunionfenster«, das sich in der Wand links neben dem Chorgitter befand. Rechts vom Gitter wahrte ein kleiner Wandschrank, der zur Aufbewahrung von Reliquien diente, die optische Symmetrie. – Edith Stein ließ zuweilen nahe Freunde von der Kapelle her einen Blick durch das Gitter in den Nonnenchor werfen. Sie bedauerte dann immer, daß die Besucher auf diese Weise zwar das Chorgestühl, nicht aber den Tabernakel und das darüber hängende Kreuzbild sehen konnten. Auch bei Ediths Einkleidung fanden die eigentlichen Einkleidungszeremonien, nachdem die Postulantin im Brautkleid dem Hochamt im Presbyterium hatte beiwohnen dürfen, innerhalb des Chors bei »geöffnetem« Gitter statt. Von dort aus konnten die Festgäste der Einkleidung zuschauen.

Elija, der Prophet. In seinem Wahlspruch »Es lebt der Herr, vor dessen Angesicht ich stehe« fand Edith Stein ihre Berufung als Karmelitin ausgedrückt. »Vor dem Angesicht des lebendigen Gottes stehen – das ist unser Beruf«, bestätigt sie (XI, 288). Im selben Sinn deutet sie den Kernsatz der Ordensregel: »... Tag und Nacht im Gesetz des Herrn betrachtend und im Gebete wachend ...« Das Gesetz des Herrn, so erläutert sie, meint hier Christus selbst. In ihn umgestaltet zu werden und miteinzugehen in sein Leben, das ist das Neue Gebot des Christen, die Frohe Botschaft des Evangeliums.

Im Unterschied zum damaligen klösterlichen Denken gründet Edith Stein das Wesentliche des Ordenslebens nicht auf die Regel, sondern auf das Evangelium. Das Leben nach dem Evangelium aber kennt viele Ausfaltungen. Eine davon ist das kontemplative Leben, wie Teresa von Avila es für ihren Orden gestaltete.

»Unsere Tagesordnung sichert uns Stunden einsamer Zwiesprache mit dem Herrn«, so lesen wir bei Edith Stein, »und sie sind es, auf die sich unser Leben aufbaut ... Seit ich diese Wohltat genieße, weiß ich erst, wie sehr sie mir draußen gefehlt hat« (VIII, 168). Sie, die Liturgiebegeisterte, nennt das Chorgebet eine heilige Pflicht. Aber nicht diese Pflicht ist ihr der Brunnen des Lebens, sondern das Gebet des Herzens inmitten der »Seelenburg«.

Edith Stein ist tief überzeugt von der Fruchtbarkeit eines ganz auf dieses Gebet ausgerichteten Lebens. Sie spricht von einem Born der

74

Rechts neben dem Chorgitter befand sich im Nonnenchor ein Reliquienschrank, dem an den Festen der Heiligen die Reliquien zur Verehrung entnommen wurden.

Blick vom Presbyterium der Kirche aus in den Chor der Nonnen.

Gnade, der hinaussprudelt in alle Welt. Auch der Glaubenssinn des christlichen Volkes, so hat sie beobachtet, sieht sich in den vielfachen Nöten der Zeit gedrängt, »von diesen verborgenen Quellen die letzte Rettung zu erhoffen« (XI, 21).

Verborgen sind die Quellen nicht nur, weil das Leben im Karmel den Blicken Außenstehender weitgehend entzogen ist. Verborgen ist vor allem die Geschichte der Menschenherzen, in deren Tiefe der Dreifaltige lebt. »Was Gott in den Stunden des inneren Gebetes wirkt, entzieht sich jedem menschlichen Blick. Es ist Gnade um Gnade. Und alle andern Stunden des Lebens sind der Dank dafür« (XI, 8).

Diese Dankbarkeit führt bei Edith Stein zu Konsequenzen. Der Friede, der in ihr lebt und der sie umgibt, kann ihr nicht allein für sie selbst gegeben sein; sie muß ihn mit denen teilen, »die täglich und stündlich in den Kampf gestellt sind« (VIII, 165). Immer wieder bringt sie diese Überzeugung in Briefen zum Ausdruck. Man staunt, mit welcher Selbstverständlichkeit sie von Anfang an zu Besuchen einlädt. »Es sind schon einige dagewesen«, schreibt sie bereits im Oktober 1933, und sie verschweigt nicht, daß sie als Postulantin »eigentlich« noch keine Besuche empfangen solle. Aber: »Wenn jemand abgehetzt und zerschlagen zu uns kommt und dann etwas Ruhe und Trost mitnimmt, dann macht mich das sehr glücklich« (VIII, 164).

Glücklich ist sie auch, wenn sich bei den zahlreichen Gottesdiensten die kleine Karmelkirche immer wieder mit Gläubigen füllt. An dieser Stätte der Andacht und der Stille wissen sich die Menschen aufgehoben im Gebet der Schwestern. Oft werden »Gebetserhörungen« gemeldet. Solche Gebetserhörungen nennt Edith Stein die wunderbarste Tatsache des geistlichen Lebens; sie sieht darin bestätigt, »daß sich die göttliche Freiheit dem Willen seiner Auserwählten gleichsam unterwirft« (VI, 161). »Daß Gott niemanden für sich allein beruft« (IX, 262) – das wird ihr großer Trost sein in den schweren Zeiten, die nun bald kommen.

Aber zunächst steht der Novizin ein Fest bevor, auf das sie sich sehr freut. »Am Ostermorgen darf ich Profeß machen«, schreibt sie an eine

76

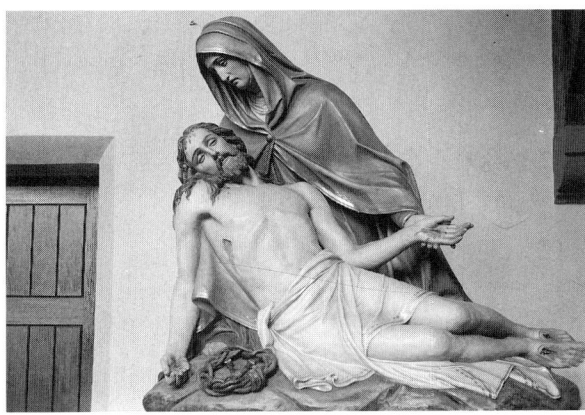

Auch diese Gruppe im Stil der Jahrhundertwende befand sich in der Kapelle des Lindenthaler Karmels; sie stand dem Votivaltar der heiligen Therese von Lisieux gegenüber. Die danebenliegende Tür führte ins Pfortenhaus. Als Edith Stein zu Gast an der Karmelpforte weilte, gelangte sie so auf kürzestem Weg in die Kapelle.

◁

Die kleine Kirche des Lindenthaler Karmels besaß mehrere Votivaltäre, die von den Gläubigen oftmals besucht und reich mit Lichtern und Blumen geschmückt wurden. Außer dem Altar zu Ehren der heiligen Therese von Lisieux fand eine Kopie des Gnadenbildes besondere Verehrung: »Unsere Liebe Frau mit dem geneigten Haupt«. Das Original soll zu Anfang des 17. Jahrhunderts vom ehemaligen Ordensgeneral P. Dominikus a Jesu-Maria unter Schutt und Geröll aufgefunden worden sein. Als er es reinigte und Maria in ihrem Bild grüßte, da neigte sie ihm nach der Legende das Haupt zu und verharrt seitdem in dieser Haltung. Diese Legende wird an der Vorderseite des Altars im linken und rechten Textfeld erzählt. Im Mittelfeld steht eine Verheißung, die Maria P. Dominikus gemacht haben soll: sie werde alle erbetenen Gnaden schenken, zumal den Seelen im Läuterungsort.

Gleichfalls im inneren Vorraum der Klosterkirche links, gegenüber dem Votivaltar der Madonna mit dem geneigten Haupt, befand sich dieser kleine Herz-Jesu-Altar. Sein Mittelstück ist eine mit Perlen und Bergkristall geschmückte Treibarbeit, die auf einem silbernen Herzen das Antlitz Jesu zeigt. Das Altärchen wurde 1938 am Fest des heiligen Johannes vom Kreuz (24. November) nach dem feierlichen Hochamt eingeweiht. – Die Schrift auf dem Sockel »Mein Volk, mein Volk, was tat ich dir? Betrübt ich dich? Antworte mir!« ist eine Laubsägearbeit von Sr. Monika Hemmes, einer jungen Mitschwester Edith Steins. Das gemalte Antlitz und die Silberarbeit stammen von den jungen Künstlern Anneliese Schließmann und Hans Neunkirchen.

77

Freundin. »Heute habe ich die Zusicherung erhalten, daß die lieben Vorgesetzten und Mitschwestern mich zulassen wollen« (IX, 195). Die Gelübdefeier fand in der Morgenfrühe des Ostersonntags statt, am 21. April 1935. Es waren »zeitliche« Gelübde: für drei Jahre. Das Kirchenrecht schreibt sie vor, ehe die Gelübde auf Lebenszeit abgelegt werden können. Nicht das geringste Anzeichen spricht dafür, daß die Schwesterngemeinschaft oder Edith selbst je den Gedanken ins Auge faßten, nach Ablauf dieser Zeit das gemeinsame Ordensleben zu beenden. Im Gegenteil: Ganz selbstverständlich lebt sie als Schwester unter Schwestern, hilfsbereit und verständnisvoll, fröhlichen Herzens. Hedwig Conrad-Martius, die sie in dieser Zeit im Karmel besucht, schreibt darüber: »Die Kindlichkeit, Vergnügtheit und Geborgenheit, die sie gewonnen hatte, waren, wenn ich das sagen darf, bezaubernd« (F II 30, 74). Um es mit Ediths eigenen Worten auszudrücken: Ihr war zumute wie einem Menschen, »der in seiner richtigen Heimat gelandet ist« (IX, 237).

Das zweite Jahr bringt für die Neuprofesse »eine sehr schwere Prüfung« (XIV, 160). Im Frühsommer 1936 erkrankt ihre Mutter in Breslau an einem unheilbaren Leiden. Aber schmerzlicher als an ihrer Krankheit leidet die 86jährige Patientin unter der Trennung von ihrem jüngsten Kind. Wohl ist Auguste Stein umgeben von Töchtern und Enkeln, die mit aller Liebe für sie sorgen. Das ist für Edith eine große Beruhigung; denn nach den damaligen Klausurauffassungen

durfte sie nicht zu der Sterbenden nach Hause fahren. Am 14. September 1936, dem Fest Kreuzerhöhung, stirbt Auguste Stein, »gerade zu der Stunde, als wir hier – wie alljährlich an diesem Tage – unsere Gelübde feierlich erneuerten« (IX, 239). – »Der heftige Schmerz der ersten Tage«, so kann Edith hinzufügen, »hat sich bald beruhigt, weil ich ganz zuversichtlich hoffen darf, daß Gott sie bald zu sich genommen hat ... Nun ist sie im Frieden und versteht alles« (IX, 226, 228).

Ediths um acht Jahre ältere Schwester Rosa hatte sich seit langem innerlich ganz dem katholischen Glauben zugewandt, jedoch mit Rücksicht auf die Mutter den Übertritt noch aufgeschoben. Nun wurde für die Taufe der Heilige Abend 1936 ins Auge gefaßt. Die Feier fand in Köln statt, und Rosa konnte zusammen mit Edith das Fest begehen: eine große Freude für den ganzen Kölner Karmel.

In dieser Zeit war man in der Schwesterngemeinschaft mit einem bevorstehenden Ereignis befaßt, das man hochfestlich zu begehen gedachte. Im Herbst 1637 waren aus den Niederlanden die ersten Unbeschuhten Karmelitinnen nach Köln gekommen und hatten in der Altstadt das Kloster »Maria vom Frieden« gegründet. Der 300. Wiederkehr des Jahrestages war die Festschrift gewidmet, die das wechselvolle Geschick des Kölner Karmels und der aus ihm hervorgegangenen 12 Neugründungen schildert. Mehrere Schwestern, besonders Sr. Benedicta, waren der Mutter Priorin behilflich, aus kirchli-

78

Hanna.

Gebet- und Andachtsbuch

für israelitische Frauen und Mädchen.

Von

Jacob Freund.

Lehrer an der Religionsschule der Synagogen-Gemeinde zu Breslau.

Mit Beiträgen

von

Dr. A. Geiger, Dr. M. Güdemann, Dr. M. Joël und
Professor Dr. M. A. Levy.

Neunte vermehrte und verbesserte Auflage.

Breslau.
Verlag von Wilhelm Jacobsohn u. Comp.
1898.

Kurz nach dem Tod ihrer Mutter bat Edith Stein ihre Geschwister um das Gebetbuch von Auguste Stein. »Frieda möchte ich noch einmal besonders für die ›Hanna‹ danken«, schrieb sie. »Es sind so viele Erinnerungen damit verknüpft. Als Kind habe ich sie Mama manchmal holen dürfen. Und als ich zum erstenmal nach meiner Taufe mit ihr auf dem Friedhof war (am Grab des Vaters), betete sie erst selbst daraus und reichte mir dann aufgeschlagen das Gebet, das Kinder am Grabe ihrer Eltern zu sagen haben... Jetzt schlug ich gleich wieder dies Gebet auf und fand darin denselben Glauben wieder, der uns so selbstverständlich ist« (17. 10. 1936).

79

Abt. 55 des
Amtsgerichts Breslau

Gesch.-Nr. IV 268/35

Frei durch Ablösung Reich

An

Fräulein

Dr. Edith S t e i n

in Köln - Lindenthal,

Dürenerstraße 89,
Kloster der Karmeliterinnen

Einige Wochen nach dem Tod ihrer Mutter erhielt Schwester Benedicta einen Durchschlag vom Testament Auguste Steins. Alle ihre Kinder hatte die Verstorbene bedacht mitsamt den Enkeln und Enkelinnen. Eine Tochter Edith aber gibt es nicht in diesem Testament...

80

Das Treppenhaus im Lindenthaler Karmel. Am Abend des 14. 12. 1936 stürzte Edith Stein in der Dunkelheit auf einer dieser Treppen. Dabei brach sie sich die linke Hand und den linken Fuß. Der Hausarzt wies sie sogleich ins Dreifaltigkeits-Krankenhaus an der Aachener Straße ein. Am folgenden Tag kam Rosa Stein zu dem lange geplanten Besuch nach Köln. Sie sollte am Heiligen Abend die Taufe empfangen und das Weihnachtsfest im Karmel verleben. Es erwies sich nun als glückliche Fügung, daß Rosa ihre Schwester nicht hinter den Doppelgittern des Sprechzimmers besuchen mußte, sondern im Hospital an ihrem Bett sitzen durfte. So bereiteten sich beide gemeinsam auf die kommenden Festtage – Rosas Taufe und erste heilige Kommunion – vor.

81

chen und städtischen Archiven und aus Ordens-
chroniken das Material zusammenzutragen.
Wir staunen heute, mit welcher Anteilnahme die
Katholiken des Erzbistums in der Festwoche die
vielen Gottesdienste im Lindenthaler Karmel
besuchten – damals vielleicht auch eine Form
des Protestes gegen die glaubensfeindlichen
Ideologien des Dritten Reiches.

Schon in diesen ersten Ordensjahren hat
Schwester Benedicta mehrere Abhandlungen
verfaßt über große Gestalten des Karmels; über
Elija, den Propheten des lebendigen Gottes;
über Teresa von Avila, Begründerin der Unbeschuhten Karmelitinnen und Karmeliten; über
Johannes vom Kreuz, den Kirchenlehrer der
Mystik; über Franziska Esser, Wiederbegrün-
derin des Kölner Karmels nach dem Kulturkampf u. a. Immer wieder geht es Edith Stein
darum, daß die Glut nicht stirbt, die diese Männer und Frauen einst entfachten, daß durch le-
bendige Überlieferung ihr Geist wirksam bleibe
und das tägliche Leben bestimme.

Am 21. April 1938 war für Edith Stein die Zeit
der ersten Gelübde beendet. An diesem Tag erfolgte für sie die »endgültige Bindung und Aufnahme durch die ewigen Gelübde«. Nun war
Sr. Benedicta auch kirchenrechtlich Vollmitglied des Kölner Karmels, Kapitularin mit akti-
vem und passivem Stimmrecht. »Was es bedeutet, von Gott für ewig angenommen zu sein«,
schreibt sie an einen Freund, den polnischen
Philosophen Roman Ingarden, »das läßt sich in
Worten nicht aussprechen« (XIV, 161).

82

Eine der wichtigsten Vorarbeiten für das Kölner Karmel-jubiläum war die Herstellung der Festschrift, die die Schwestern im Selbstverlag herausgeben mußten. Die Autorin, Mutter Priorin Teresia Renata, schreibt darüber in ihrer Edith-Stein-Biographie: »Schwester Benedicta ging der Mutter Priorin hilfreich zur Hand, die histori-schen Quellen zu erschließen und an die erforderlichen Dokumente zu gelangen. – Sie übernahm es, nach Fertig-stellung des Manuskriptes, das unförmige Werk in Kapi-tel und Abschnitte einzuteilen, und besorgte die Aufstel-lung einer genauen Quellen- und Literaturangabe.« Edith Stein half nach dem Erscheinen des Buches auch bei seiner Verbreitung; sie empfahl es vielfach ihren zahlrei-chen Freunden und Bekannten. ▷

◁

Den Mittelpunkt des Jubiläums bildete die Verehrung des alten Gnadenbildes der »Königin des Friedens« aus der ehemaligen Karmelitinnenkirche, aus der 1802 die Non-nen vertrieben worden waren; seitdem war die Kirche Pfarrkirche. Zum Jubiläum wurde das Gnadenbild dem Lindenthaler Karmel für einige Tage geliehen. Voll Freude berichtet Edith Stein darüber: »Wir haben unser Jubiläum vom 30. 9. bis 3. 10. gefeiert. Das Gnadenbild der Friedenskönigin war dabei unser höchster Ehrengast. Es war auf dem herrlich geschmückten Hochaltar ausge-stellt. Jeden Morgen war eine Pontifikalmesse davor, Hochamt und mehrere andere heilige Messen, dreimal täglich Predigt und großer Andrang des Volkes. Man muß dankbar sein, daß so etwas immer noch möglich ist.« – Den Schmuck des Hochaltars hatte ein Geistlicher be-sorgt, der im Volksmund »Kunstpastor« hieß; es war Rektor Johannes Schwickert (1884–1967). Edith Stein hat auch ihn in einem Brief erwähnt- – Das Gnadenbild der Friedenskönigin hatten die Schwestern, in weißen Mänteln und mit brennenden Kerzen, an der Klausurtür in Empfang genommen. Es blieb einen Tag im inneren Chor, bevor es in die Kirche gebracht und dort zur Ver-ehrung aufgestellt wurde.

Zum bleibenden Andenken an die Jubiläumsfeier ließen die Karmelitinnen als Schmuck für die Friedenskönigin ein silbernes Herz anfertigen. Es war auf der einen Seite mit dem Karmelwappen, auf der anderen mit einem Vers geschmückt, der höchstwahrscheinlich von Edith Stein verfaßt wurde. Als Datum ist der 5. November angege-ben, der Tag, an dem 1637 die ersten Karmelitinnen nach Köln kamen. Der Vers lautet: »300 Jahre in Köln / dient dir, Maria, der Karmel / Heute in Liebe und Dank / weiht er dir, Mutter, dies Herz. / 1637 – 5. Nov. 1937.«

83

J + M + J + T

Mit hoher Genehmigung Seiner Eminenz des Hochwürdigsten Herrn
Kardinal Dr.Karl Joseph S c h u l t e ,Erzbischof zu Köln,
hat die Professschwester Benedicta a Cruce,geborene Edith Stein,
aus Breslau,vor der Priorin Schwester Teresia Renata de Spiritu
Sancto und dem versammelten Konvent am 21.April 1938 die ewigen
heiligen Gelübde abgelegt.

                heute/
Sie erhielt/den schwarzen Schleier durch den Bevollmächtigten
Seiner Excellenz Dr. S t o c k u m s , Weihbischof von Köln.

Dieses Protokoll ist in duplo ausgefertigt und von den beteiligten
Personen unterschrieben worden.

Köln-Lindenthal,den 1.Mai 1938

Protokoll über die Ablegung der ewigen Gelübde Edith Steins. Die Profeßfeier fand nach damaligem Brauch in aller Stille am 21. 4. 1938 statt, die Überreichung des schwarzen Schleiers – das öffentlich begangene Schleierfest – am 1. Mai.

84

Die Wegwende

»Geheimnis als höchste Vernunft«

Es ist oft gefragt worden, was Edith Stein zum Eintritt in den Karmel bewogen haben mag. Eine unmittelbare Antwort darauf hat sie uns nicht hinterlassen. Gewiß sind mehrere Motive zusammen wirksam gewesen.

Bereits 1932 hatte Edith in einem Brief geschrieben: »Es gibt eine Berufung zum Leiden mit Christus und dadurch zum Mitwirken an seinem Erlösungswerk« (VIII, 129). Und dieses Hineingestelltsein in das große Erlösungswerk – wir begegnen hier einem ihrer Lieblingsworte – sei der Grundgedanke des Karmellebens. Dazu ist zu bedenken, daß Edith Stein diesen Grundgedanken für jedes Christenleben beansprucht: »Leiden und sterben muß jeder Mensch. Aber wenn er *lebendiges* Glied am Leibe Christi ist, dann bekommen sein Leiden und Sterben durch die Gottheit des Hauptes erlösende Kraft.« Das Verlangen nach *solcher* Leidensteilhabe ist für Edith Stein »im Licht des Erlösungsgeheimnisses höchste Vernunft« (XII, 203).

Viele Menschen, so sieht Edith ganz klar, wissen nichts von diesem Hineingestelltsein in ein Mysterium, das sich keiner Gedankenschärfe erschließt, das vielmehr nur der Glaube erfaßt. Die aber, denen dieser Glaube geschenkt ist – so argumentiert sie –, sind berufen, den Weg des Menschenlebens zu gehen in und mit Christus, und das besagt: für alle und an aller Statt. Dieser Gedanke der Stellvertretung hat für Edith Stein eine hohe Motivation bedeutet. So hat sie sich entschlossen, ihr Leben in die Waagschale zu werfen für alle jene, die Christus noch nicht begegnet sind.

Als Edith Stein bei ihrer Taufe den Eintritt in den Karmel sich zum Ziel setzte, hat sie diesen Entschluß wohl kaum mit ihrer jüdischen Herkunft in Verbindung gebracht. Erst im Lauf der Jahre wird es ihr zunehmend klar, wie sehr ihr Schicksalsweg als Jüdin und ihr Glaubensweg als Christin in *einen* Weg zusammenlaufen: in den Erlösungsweg Christi. Darum wählt sie den Ordensnamen Teresia Benedicta a Cruce, »die mit dem Kreuz Gesegnete«. »Mit dem Menschensohn durch Leiden und Tod zur Herrlichkeit der Auferstehung zu gelangen«, so erläutert sie den Sinn des menschlichen Lebens und Sterbens, »ist der Weg für jeden von uns, für die ganze Menschheit« (XII, 207).

Sehr vieles, was Edith Stein im Karmel geschrieben hat, deutet auf solche Gedankengänge hin. Der Verknüpfungspunkt mit ihrem persönlichen Leben liegt im Bereich dessen, was wir Mystik nennen. In der Mystik wird das, was die Glaubenslehre der Theologen und die

Weisheitsworte der Frommen in Begriffen und Denkschritten zu erschließen versuchen, im Innersten des Herzens – in der Siebten Wohnung der Inneren Burg, wie Teresa von Avila sagt – erfahren oder erschaut.

Zweifellos war Edith Steins Berufung die einer Mystikerin. Kraft dieser Berufung hat sie im Karmel einen Sinn und eine Aufgabe gefunden, die für sie das Höchste ihres Lebens war. Es ist daher begreiflich, daß einer ihrer Philosophenfreunde, der sie im Kloster besuchte, schreiben konnte: »Ich fühlte, daß sie wahr redete, als sie mir versicherte, wie glücklich und froh sie war, Karmelitin sein zu dürfen« GI/Fe).

Mehrmals hat Edith Stein bei ähnlichen Gelegenheiten, wie von einer Ahnung beseelt, ernst hinzugefügt, es werde gewiß noch die Zeit kommen, da sie mehr als bisher von ihrer »Kreuz-Berufung« spüren werde. Und diese Zeit kam.

Edith Steins Leben war oft mit den öffentlichen Zeitereignissen verwoben. Ihre Biographie zeigt das an vielen Stellen. Da Edith in ihrem Bericht »Wie ich in den Kölner Karmel kam« wenig Genaues über politische Ereignisse sagt, soll der Übersichtlichkeit wegen das Wichtigste hier erwähnt werden. Denn auch für die Karmelitin Teresia Benedicta erfolgt, äußerlich betrachtet, die letzte große Wende ihres Berufungsweges aufgrund der politischen Entwicklung, die zugleich weltanschauliche Wandlungen anzeigt.

Im März 1932 war die siebenjährige Amtszeit

des Reichspräsidenten Paul v. Hindenburg abgelaufen. Erst im zweiten Wahlgang – am 10. April – erhielt er die zur Wiederwahl nötige Stimmenmehrheit. Im Vorfeld dieser Reichspräsidentenwahl war es zu ungewöhnlich heftigen Agitationen der Parteien gekommen; zumal die Nationalsozialisten betrieben einen ungeheuren Propagandaaufwand zugunsten Hitlers. Hindenburg setzte nach seiner Wiederwahl als Reichspräsident den 31. Juli für die Wahl des neuen Reichstags – des sechsten nach 1920 – fest.

Anfang Juli 1932 schrieb Edith Stein in einem Brief: »In Münster ist es vorläufig noch ganz friedlich. Was die nächsten Wochen bringen,

▷

Viele Stunden täglich hat Edith Stein dieses Bild des Gekreuzigten vor Augen, das im Chor über dem Tabernakel hängt. Wenn Edith dort kniet, dann kreist ihre Betrachtung um große Sachverhalte: Im Leiden Christi sammelt sich gleichsam wie in einem ungeheuren Becken der Leidensstrom der Menschheit. Dort ist auch die Flut der Bedrängnis gesammelt, die nun bald das erwählte Volk Gottes mitzureißen droht, das das Volk Jesu ist und auch das ihre. Im Kreuzestod Jesu verdichtet sich das Erlösungswerk zu seiner innersten Mitte; dort ist der Umschlagspunkt, an dem Vernichtung und Untergang sich wenden in Heil und Rettung. Bis zuletzt hat Edith gewußt: Gottes universales Erlösungswerk ist nicht einzugrenzen durch menschliche Schuld. Über allem Verhängnis bleibt der Gekreuzigte am Ende der Sieger, der Mensch aber nicht der Besiegte, sondern der Gerettete. – Das Kreuzbild, vor dem Edith Stein so oft betete, wurde im Krieg gerettet und befindet sich heute noch im Chor des Kölner Karmels. Die Herkunft des Gemäldes ist unbekannt.

86

Im Nonnenchor des Kölner Karmels stand eine Nachbildung des »Prager Jesuskindes«. Edith Stein erkannte darin ein Zeichen der Verehrung für die »Infantia Domini«. Es haben ja nicht nur Leiden und Tod Christi erlösende Kraft, sondern sein ganzes Leben. Sein Aufsichnehmen des Menschenschicksals – auch seine Kindheit, seine Jugendjahre, seine Begegnung mit den Menschen, sein Beten in der Liturgie des jüdischen Volkes, sein einsames Sprechen mit dem Vater im Himmel: alles dies geschah für uns, »um unseres Heiles willen«. Darum ist jedes einzelne Menschenleben unlösbar verknüpft mit dem Leben Jesu. Und umgekehrt: Was immer an Menschen geschieht, das geht ihn an, den Erstling aller.

87

muß man abwarten« (VIII, 119). Dann aber drängten sich die Ereignisse. Der Neuwahl des Reichstags am 31. Juli folgte seine Auflösung schon am 12. September, der Neuwahl am 12. November die abermalige Auflösung am 1. Februar, nachdem Hitler am 30. Januar zum Kanzler ernannt worden war. Mit großer Sorge sah man allenthalben der dritten Neuwahl des Reichstags innerhalb so kurzer Zeit entgegen. Sie wurde auf den 5. März angesetzt.

Edith Stein war während des ganzen März 1933 in Münster und wird dort an der Wahl teilgenommen haben. Inzwischen hatte sich Gefährliches abgespielt. Hitlers Notverordnung vom 28. Februar gab Grundrechte der Verfassung nationalsozialistischer Willkür preis. Die Freiheit der Presse und der Meinungsäußerung, das Versammlungsrecht, das Briefgeheimnis wurden außer Kraft gesetzt.

Und es kam noch schlimmer. Zeitgenössische Beobachter hielten die Reichstagswahl vom 5. März schon nicht mehr für wirklich frei. Der neugewählte Reichstag wurde am 21. März in der Potsdamer Garnisonkirche hochfestlich eröffnet, und schon am übernächsten Tag setzte Hitler das sogenannte Ermächtigungsgesetz durch, das »Gesetz zur Behebung der Not von Volk und Reich«. Ein solches Gesetz war nach § 48 Abs. 2 der Weimarer Verfassung in Gefahrenzeiten möglich, um die öffentliche Sicherheit und Ordnung wiederherzustellen. Jetzt aber wurde binnen kurzem aus der demokrati-
(weiter Seite 96)

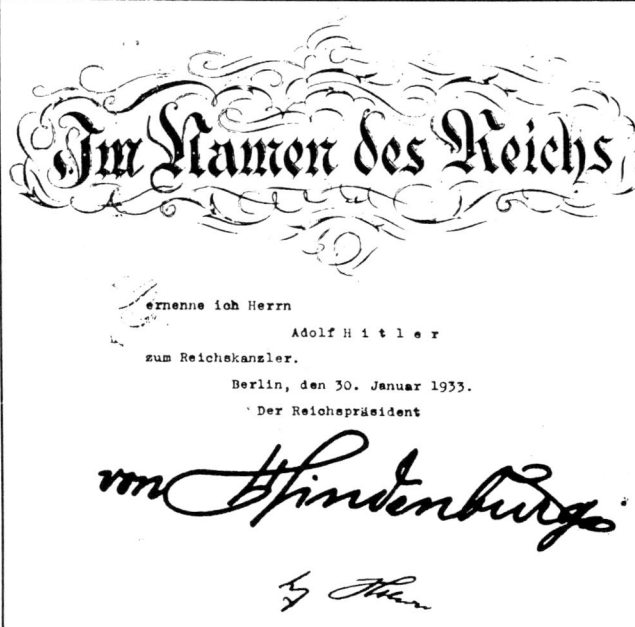

Hitlers Ernennung zum Reichskanzler, von ihm selbst gegengezeichnet (Bayer. Hauptstaatsarchiv Nachlaß Hitler Nr. 1)

Die Reichstagswahl vom 31. 7. 1932 brachte extremen Gruppierungen – rechten wie linken – einen starken Stimmenzuwachs: Das Wanken der Weimarer Republik deutete sich an. Da keine regierungsfähige Mehrheit zustande kam, wurde nach sechs Wochen dieser Reichstag abermals aufgelöst und am 6. 11. von neuem gewählt. Diesmal kam es zwar zu einem Stimmenverlust der NSDAP, aber wiederum nicht zu einer parlamentarischen Mehrheit der konservativen Fraktionen. Nach schwierigen Verhandlungen mit den Parteien entschloß sich Hindenburg, am 30. 1. 1933 Hitler zum Reichskanzler zu ernennen.

88

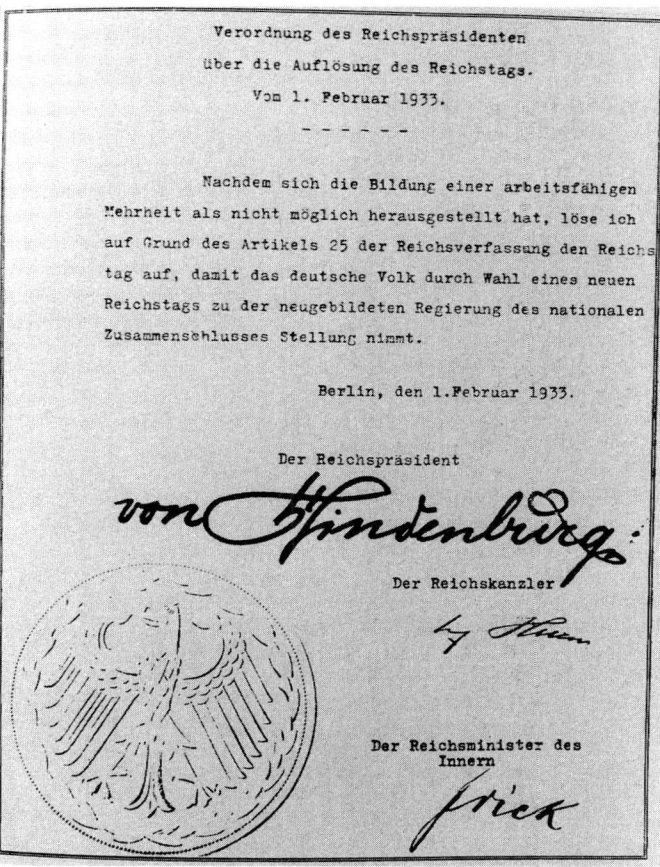

Verordnung des Reichspräsidenten
über die Auflösung des Reichstags.
Vom 1. Februar 1933.

- - - - -

Nachdem sich die Bildung einer arbeitsfähigen
Mehrheit als nicht möglich herausgestellt hat, löse ich
auf Grund des Artikels 25 der Reichsverfassung den Reichs-
tag auf, damit das deutsche Volk durch Wahl eines neuen
Reichstags zu der neugebildeten Regierung des nationalen
Zusammenschlusses Stellung nimmt.

Berlin, den 1.Februar 1933.

Der Reichspräsident

von Hindenburg

Der Reichskanzler

Der Reichsminister des
Innern

Frick

Vermutlich weil in seinem Kabinett nur zwei Parteimit-
glieder waren und er sich zu ihm mißliebigen Koalitio-
nen nicht bereit finden wollte, betrieb Hitler sofort die
Wiederauflösung des Reichstags. Hindenburg unterzeich-
nete am 1. 2. 1933 das Dokument und ordnete für den
5. 3. 1933 Neuwahlen an.

Schikanöse Gewalttätigkeiten gegen Juden gehörten im
Dritten Reich bald zur Tagesordnung, auch in Breslau.
Für den 1. 4. 1933 hatte die Partei einen allgemeinen
Boykott gegen jüdische Geschäfte und andere jüdische
Einrichtungen angeordnet, begleitet von antisemitischer
Greuelpropaganda schlimmster Art. Wenige Tage später
wurde das »Gesetz zur Wiederherstellung des Berufsbe-
amtentums« erlassen; es bot neue Handhaben zur Aus-
schaltung der Juden, die rücksichtslos betrieben wurde.

Kirchlicher Anzeiger
für
die Erzdiözese Köln.

Stück 7. (Sondernummer)   Köln, den 21. Februar 1933.   73. Jahrgang

Inhalt: Oberhirtliches Mahnwort zu den bevorstehenden Wahlen. — Die päpstliche Bulle zum Heiligen Jahre. — Aus den Ergänzungsbullen zum Heiligen Jahre. — Stellungnahme des Hl. Vaters zu der sogenannten neuen religiösen Kunst. — Kirchenkollekte für Pingsdorf. — Vermischte kirchliche Nachrichten.

Nr. 66. Oberhirtliches Mahnwort zu den bevorstehenden Wahlen.

Die überaus große Bedeutung, welche die bevorstehenden Wahlen zum Reichstage, zum Landtage und zu Verwaltungskörperschaften nicht nur in politischer Hinsicht, sondern auch wegen des Einflusses auf Schutz und Förderung der religiösen und sittlichen Güter des ganzen Volkes und auf die Stellung der Kirche im öffentlichen Leben haben, gibt uns Anlaß, in entscheidender Stunde ernst und eindringlich alle katholischen Christen an die vaterländische Pflicht zu erinnern, von ihrem Wahlrecht so Gebrauch zu machen, wie es der Verantwortung des treuen Staatsbürgers und treuen katholischen Christen entspricht. Wir erneuern daher unsere Mahnung:

Wählet Abgeordnete, deren Charakter und erprobte Haltung Zeugnis gibt von ihrem Eintreten für Frieden und soziale Wohlfahrt des Volkes, für den Schutz der konfessionellen Schulen, der christlichen Religion und der katholischen Kirche. Hütet Euch vor Agitatoren und Parteien, die des Vertrauens des katholischen Volkes nicht würdig sind. Schöpfet Eure Belehrung aus bewährten katholischen Blättern.

Das ist die Mahnung Eurer Bischöfe, die dem politischen Parteikampf den Eintritt in das Heilig-

tum der Kirche verwehren, aber an Ereignissen, die für Vaterland und Kirche von so tiefer Bedeutung sind, nicht ohne ein Wort der Mahnung vorübergehen dürfen.

Die in der Fuldaer Bischofskonferenz vereinigten Oberhirten der Diözesen.

Für die Erzdiözese Köln:

Köln, den 20. Februar 1933.

Karl Joseph Kardinal Schulte,
Erzbischof von Köln.

*

Köln, den 20. Februar 1933.

Vorstehendes oberhirtliches Mahnwort ist rechtzeitig vor den Wahlen im Sonntagsgottesdienst von den Kanzeln zu verlesen.

Gleichzeitig ordnen wir an, daß bis auf weiteres an Werktagen nach dem Hauptgottesdienst und an Sonn- und Feiertagen in den hl. Messen, in denen Predigt üblich ist, sowie in der Nachmittagsandacht das „Gebet der Christenheit in gefahrvoller Zeit" in der durch Erzbischöflichen Erlaß vom 15. Oktober 1931 (K. A. 1931, Stück 23, Nr. 227) vorgeschriebenen Form verrichtet werde.

Das Erzbischöfliche Generalvikariat.

Diese Nummer wurde zur Post gegeben am 22. Februar 1933.

90

Am 10. 2. 1933 hatte Hitler im Berliner Sportpalast seinen Wahlkampf eröffnet. In seiner Rede ließ er keinen Zweifel daran, daß er zur Abschaffung der parlamentarischen Demokratie entschlossen war. Obschon die in Fulda versammelten katholischen Bischöfe von den Ereignissen des 27. und 28. 2. noch nichts wußten, gaben sie am 20. 2. ein Rundschreiben heraus, das sie am folgenden Sonntag in allen Kirchen verlesen ließen, um die Gläubigen zu gewissenhafter Stimmabgabe zu mahnen. Den Brand des Reichstagsgebäudes am 27. 2., dem fast das ganze Haus zum Opfer fiel, nahm Hitler zum Anlaß, um am folgenden Tag eine Notverordnung »zum Schutz für Volk und Staat« in Kraft zu setzen. Solche Notverordnungen, ermöglicht durch die Verfassung, hatte es schon viele gegeben. Hitler jedoch ging weit über alle bisherigen hinaus und mißbrauchte sie, um eine terroristische Verfolgungswelle in Gang zu bringen, zumal gegen Politiker oder Miglieder der Linksparteien.

Reichsgesetzblatt

Teil I

| 1933 | Ausgegeben zu Berlin, den 24. März 1933 | Nr. 25 |

Inhalt: Gesetz zur Behebung der Not von Volk und Reich. Vom 24. März 1933 .... S. 141

Gesetz zur Behebung der Not von Volk und Reich.
Vom 24. März 1933.

Der Reichstag hat das folgende Gesetz beschlossen, das mit Zustimmung des Reichsrats hiermit verkündet wird, nachdem festgestellt ist, daß die Erfordernisse verfassungändernder Gesetzgebung erfüllt sind:

Artikel 1

Reichsgesetze können außer in dem in der Reichsverfassung vorgesehenen Verfahren auch durch die Reichsregierung beschlossen werden. Dies gilt auch für die in den Artikeln 85 Abs. 2 und 87 der Reichsverfassung bezeichneten Gesetze.

Artikel 2

Die von der Reichsregierung beschlossenen Reichsgesetze können von der Reichsverfassung abweichen, soweit sie nicht die Einrichtung des Reichstags und des Reichsrats als solche zum Gegenstand haben. Die Rechte des Reichspräsidenten bleiben unberührt.

Artikel 3

Die von der Reichsregierung beschlossenen Reichsgesetze werden vom Reichskanzler ausgefertigt und im Reichsgesetzblatt verkündet. Sie treten, soweit sie nichts anderes bestimmen, mit dem auf die Verkündung folgenden Tage in Kraft. Die Artikel 68 bis 77 der Reichsverfassung finden auf die von der Reichsregierung beschlossenen Gesetze keine Anwendung.

Artikel 4

Verträge des Reichs mit fremden Staaten, die sich auf Gegenstände der Reichsgesetzgebung beziehen, bedürfen nicht der Zustimmung der an der Gesetzgebung beteiligten Körperschaften. Die Reichsregierung erläßt die zur Durchführung dieser Verträge erforderlichen Vorschriften.

Artikel 5

Dieses Gesetz tritt mit dem Tage seiner Verkündung in Kraft. Es tritt mit dem 1. April 1937 außer Kraft; es tritt ferner außer Kraft, wenn die gegenwärtige Reichsregierung durch eine andere abgelöst wird.

Berlin, den 24. März 1933.

Der Reichspräsident
von Hindenburg

Der Reichskanzler
Adolf Hitler

Der Reichsminister des Innern
Frick

Der Reichsminister des Auswärtigen
Freiherr von Neurath

Der Reichsminister der Finanzen
Graf Schwerin von Krosigk

Das »Ermächtigungsgesetz« galt zunächst für vier Jahre; es wurde jedoch durch zweimalige Verlängerung – am 30. 1. 1937 und am 10. 5. 1943 – zum Dauerzustand. Praktisch bewirkt dieses Gesetz die Auflösung der Demokratie und des Rechtsstaats.

91

Gesetz zum Schutze des deutschen Blutes und der deutschen Ehre.

Vom 15.September 1935.

Durchdrungen von der Erkenntnis, daß die Reinheit des deutschen Blutes die Voraussetzung für den Fortbestand des Deutschen Volkes ist, und beseelt von dem unbeugsamen Willen, die Deutsche Nation für alle Zukunft zu sichern, hat der Reichstag einstimmig das folgende Gesetz beschlossen, das hiermit verkündet wird:

§ 1

(1) Eheschließungen zwischen Juden und Staatsangehörigen deutschen oder artverwandten Blutes sind verboten. Trotzdem geschlossene Ehen sind nichtig, auch wenn sie zur Umgehung dieses Gesetzes im Ausland geschlossen sind.

(2) Die Nichtigkeitsklage kann nur der Staatsanwalt erheben.

§ 2

Außerehelicher Geschlechtsverkehr zwischen Juden und Staatsangehörigen deutschen oder artverwandten Blutes ist verboten.

§ 3

Juden dürfen weibliche Staatsangehörige deutschen oder artverwandten Blutes unter 45 Jahren in ihrem Haushalt nicht beschäftigen.

§ 4

(1) Juden ist das Hissen der Reichs- und Nationalflagge und das Zeigen der Reichsfarben verboten.

(2) Dagegen ist ihnen das Zeigen der jüdischen Farben gestattet. Die Ausübung dieser Befugnis steht unter staatlichem Schutz.

§ 5

(1) Wer dem Verbot des § 1 zuwiderhandelt, wird mit Zuchthaus bestraft.

(2) Der Mann, der dem Verbot des § 2 zuwiderhandelt, wird mit Gefängnis oder mit Zuchthaus bestraft.

(3) Wer den Bestimmungen der §§ 3 oder 4 zuwiderhandelt, wird mit Gefängnis bis zu einem Jahr und mit Geldstrafe oder mit einer dieser Strafen bestraft.

§ 6

Der Reichsminister des Innern erläßt im Einvernehmen mit dem Stellvertreter des Führers und dem Reichsminister der Justiz die zur Durchführung und Ergänzung des Gesetzes erforderlichen Rechts- und Verwaltungsvorschriften.

§ 7

Das Gesetz tritt am Tage nach der Verkündung, § 3 jedoch erst am 1.Januar 1936 in Kraft.

Nürnberg, den 15.September 1935,
am Reichsparteitag der Freiheit.

Der Führer und Reichskanzler.

Der Reichsminister des Innern.

Frick

Der Reichsminister der Justiz.

Dr. Gürtner

Der Stellvertreter des Führers.

R Heß.

Vom 10. bis 16. 9. 1935 wurde in Nürnberg der gigantisch in Szene gesetzte VII. Reichsparteitag abgehalten. Für den 15. 9. wurde der Reichstag – ausschließlich aus NSDAP-Mitgliedern bestehend – dorthin einberufen, und es wurden die »Nürnberger Gesetze« erlassen, die eine neue Phase der Judenverfolgung einleiteten. Es waren das »Reichsbürgergesetz« und das »Gesetz zum Schutz des deutschen Blutes und der deutschen Ehre«.

92

Reichsgesetzblatt

Teil 1

1935	Ausgegeben zu Berlin, den 14. November 1935	Nr. 125

Erste Verordnung zum Reichsbürgergesetz.

Vom 14. November 1935.

Auf Grund des § 3 des Reichsbürgergesetzes vom 15. September 1935 (Reichsgesetzbl. I S. 1146) wird folgendes verordnet:

§ 1

(1) Bis zum Erlaß weiterer Vorschriften über den Reichsbürgerbrief gelten vorläufig als Reichsbürger die Staatsangehörigen deutschen oder artverwandten Blutes, die beim Inkrafttreten des Reichsbürgergesetzes das Reichstagswahlrecht besessen haben, oder denen der Reichsminister des Innern im Einvernehmen mit dem Stellvertreter des Führers das vorläufige Reichsbürgerrecht verleiht.

(2) Der Reichsminister des Innern kann im Einvernehmen mit dem Stellvertreter des Führers das vorläufige Reichsbürgerrecht entziehen.

§ 2

(1) Die Vorschriften des § 1 gelten auch für die staatsangehörigen jüdischen Mischlinge.

(2) Jüdischer Mischling ist, wer von einem oder zwei der Rasse nach volljüdischen Großelternteilen abstammt, sofern er nicht nach § 5 Abs. 2 als Jude gilt. Als volljüdisch gilt ein Großelternteil ohne weiteres, wenn er der jüdischen Religionsgemeinschaft angehört hat.

§ 3

Nur der Reichsbürger kann als Träger der vollen politischen Rechte das Stimmrecht in politischen Angelegenheiten ausüben und ein öffentliches Amt bekleiden. Der Reichsminister des Innern oder die von ihm ermächtigte Stelle kann für die Übergangszeit Ausnahmen für die Zulassung zu öffentlichen Ämtern gestatten. Die Angelegenheiten der Religionsgesellschaften werden nicht berührt.

§ 4

(1) Ein Jude kann nicht Reichsbürger sein. Ihm steht ein Stimmrecht in politischen Angelegenheiten nicht zu; er kann ein öffentliches Amt nicht bekleiden.

(2) Jüdische Beamte treten mit Ablauf des 31. Dezember 1935 in den Ruhestand. Wenn diese Beamten im Weltkrieg an der Front für das Deutsche Reich oder für seine Verbündeten gekämpft haben, erhalten sie bis zur Erreichung der Altersgrenze als Ruhegehalt die vollen zuletzt bezogenen ruhegehaltsfähigen Dienstbezüge; sie steigen jedoch nicht in Dienstaltersstufen auf. Nach Erreichung der Altersgrenze wird ihr Ruhegehalt nach den letzten ruhegehaltsfähigen Dienstbezügen neu berechnet.

(3) Die Angelegenheiten der Religionsgesellschaften werden nicht berührt.

Im Herbst 1935 entzog eine Verordnung zum Reichsbürgergesetz allen jüdischen Mitbürgern das Stimmrecht für die politischen Wahlen.

93

Rundschreiben Seiner Heiligkeit Pius'XI., durch Gottes Vorsehung PAPST, an die Ehrwürdigen Brüder Erzbischöfe und Bischöfe Deutsch= lands und die anderen Oberhirten, die in Frieden und Gemeinschaft mit dem Apostolischen Stuhle leben,

Über die Lage der katholischen Kirche im Deutschen Reich.

P A P S T   P I U S   XI.

Ehrwürdige Brüder
Gruß und Apostolischen Segen!

Mit brennender Sorge und steigendem Befremden beobachten Wir seit geraumer Zeit den Leidensweg der Kirche, die wachsende Bedrängnis der ihr in Gesinnung und Tat treubleibenden Bekenner und Bekennerin= nen inmitten des Landes und des Volkes, dem St. Bonifatius einst die Licht- und Frohbotschaft von Christus und dem Reiche Gottes gebracht hat.

Diese unsere Sorge ist nicht vermindert worden durch das, was die Uns an Unserem Krankenlager besuchenden Vertreter des hochwürdigsten Epis= kopates wahrheits- und pflichtgemäß berichtet haben. Neben viel Tröst= lichem und Erhebendem aus dem Bekennerkampf ihrer Gläubigen haben sie bei aller Liebe zu Volk und Vaterland und bei allem Bestreben nach abgewogenem Urteil auch unendlich viel Herbes und Schlimmes nicht übergehen können. Nachdem Wir ihre Darlegungen vernommen, durften Wir in innigem Dank gegen Gott mit dem Apostel der Liebe sprechen: "Eine größere Freude habe ich nicht, als wenn ich höre: meine Kinder wandeln in der Wahrheit" (3 Joh.4). Der Unserem verantwortungsvollen apostolischen Amt ziemende Freimut und der Wille, Euch und der gesam= ten christlichen Welt die Wirklichkeit in ihrer ganzen Schwere vor Augen zu stellen, fordern von Uns aber auch, daß Wir hinzufügen: Eine größere Sorge, ein herberes Hirtenleid haben Wir nicht, als wenn Wir hören: viele verlassen den Weg der Wahrheit (vgl. 2 Petr.2.2).

Pius XI. (Achille Ratti, geboren am 31. 5. 1857 in Desio bei Monza) war Papst vom 6. 2. 1922 bis zu seinem Tod am 10. 2. 1939. Während seines Pontifikates wurde die Vatikanstadt als freier Kirchenstaat errichtet und damit dem Papst die ihm 1870 genommene Staatshoheit zurückgegeben. Dies geschah durch die Lateranverträge, die am 11. 2. 1929 zwischen der Päpstlichen Kurie, vertreten durch Kardinalstaatssekretär Gasparri, und dem italienischen Staat, vertreten durch Mussolini, geschlossen wurden.

Er, der Herz u. Nieren durchforscht (Ps.7,10) ist Unser Zeuge, daß Wir keinen innigeren Wunsch haben als die Wiederherstellung eines wahren Friedens zwischen Kirche und Staat in Deutschland. Wenn aber- ohne Unsere Schuld - der Friede nicht sein soll, dann wird die Kirche Gottes ihre Rechte und Freiheiten verteidigen im Namen des Allmächtigen, dessen Arm auch heute nicht verkürzt ist. Im Vertrauen auf ihm"hören Wir nicht auf, zu beten und zu rufen"(Col.1,9) für euch, daß die Tage der Trübsal abgekürzt und ihr treu erfunden werdet am Tage der Prüfung; u. auch für die Verfolger und Bedränger:der Vater alles Lichtes und aller Erbarmung möge ihnen eine Damaskusstunde der Erkenntnis schenken, für sich und all die vielen, die mit ihnen geirrt haben und irren.
Mit diesem Flehgebet im Herzen und auf den Lippen erteilen Wir ......
in väterlicher Liebe den Apostolischen Segen.
Gegeben i. Vatikan, am Passionssonntag, dem 14. März 1937
                                        Pius PP. XI.

Erster und letzter Abschnitt des Päpstlichen Rundschreibens »Mit brennender Sorge«, das Pius XI. den deutschen Bischöfen zugehen ließ und das am 21. 3. 1937 in allen Kirchen verlesen wurde. Die Enzyklika prangerte Mißstände an, die in Deutschland jedermann als Abwehr gegen Führerkult, Rassenwahn und Kirchenkampf zu deuten wußte. Die obige Kopie wurde von einer maschinenschriftlichen Vervielfältigung gemacht, die damals in aller Heimlichkeit verbreitet wurde. Der Verlesung des Rundschreibens folgte ein scharfer Notenwechsel zwischen dem deutschen Botschafter beim Heiligen Stuhl, Diego v. Bergen, und Kardinalstaatssekretär Eugenio Pacelli. Der Reichsminister für kirchliche Angelegenheiten, Hanns Kerrl, ließ sofort jegliche weitere Verbreitung des päpstlichen Rundschreibens verbieten.

schen Republik des Deutschen Reiches eine nationalsozialistische »Führer«-Diktatur.

Am 5. April schrieb Edith Stein aus Münster: »Meine Lieben in Breslau sind natürlich sehr erregt und bedrückt ... Jeder Brief enthält neue schlimme Nachrichten« (VIII, 139). Die Erregung der Familie Stein bezieht sich auf die immer aggressiver werdende Judenfeindlichkeit des Regimes. Um diese Zeit schrieb Edith an eine junge Freundin (die nicht Jüdin war): »Wenn Du etwas mehr davon wüßtest, wie viele Tausende jetzt zur Verzweiflung getrieben werden, dann würdest Du Dich danach sehnen, ihnen von ihrem Übermaß an Not und Leid etwas abzunehmen« (VIII, 141). Es ist Ediths Verlangen zum stellvertretenden Einstehen für die bedrängten Schwestern und Brüder, das sich hier ausdrückt.

Renata Posselt berichtet in ihrer Edith-Stein-Biographie, daß es bei den beiden Reichstagswahlen, die Edith in Köln erlebte – am 29. März 1936 und am 10. April 1938 – zu Zwischenfällen kam. Diese hingen zusammen mit dem Inkrafttreten der »Nürnberger Gesetze« vom 15. September 1935. Die »Erste Verordnung zum Reichsbürgergesetz« vom 14. November 1935 erklärte alle Juden für nicht wahlberechtigt. Edith Stein blieb daher, als die andern Schwestern zum Wahllokal gingen, zurück. Doch gegen Abend erschienen zwei Herren des Wahlvorstandes und erklärten freundlich, sie möchten Frau Dr. Stein im Auto zum Wahllokal und wieder zurück bringen. Edith

meinte vergnügt zu ihrer Priorin, man lege wohl großen Wert auf ihre Nein-Stimme, und fuhr ohne Bedenken mit.

Das Ganze verlief harmlos. Es bestätigte aber den damals allgemeinen Verdacht, daß Kontrollen durchgeführt wurden, und gibt andererseits zu erkennen, daß der für Köln-Lindenthal zuständige Wahlvorstand von Edith Steins jüdischer Abkunft nichts wußte. Sie war ja bei den Meldeämtern als Katholikin eingetragen.

Die nächsten Jahre brachten weitere Judenverfolgungen. Die jüdischen »Staatsangehörigen« wurden immer mehr aus dem beruflichen und kulturellen Leben ausgeschaltet; auf diese Weise sollte ihnen die Existenzgrundlage entzogen und ihre Auswanderung erzwungen werden. Aber auch der Terror gegen die christlichen Kirchen nahm zu.

Vor diesem Hintergrund ist es verständlich, daß man auch im Kölner Karmel der nächsten Volksabstimmung – am 10. April 1938 – mit Bangen entgegensah. Ängstliche Stimmen wurden laut – keineswegs nur im Konvent der Schwestern, sondern auch von wohlmeinenden Außenstehenden, die zu einer Ja-Stimme für Hitler rieten. An das Einhalten des Wahlgeheimnisses und ein redliches Auszählen der Stimmen glaubte ja fast niemand mehr. Dennoch hat sich Edith Stein gegen solche Ratschläge stets leidenschaftlich zur Wehr gesetzt. Als am Morgen des 10. April die erste Schwesterngruppe das Haus verlassen wollte, kam ihnen eine Abordnung des Lindenthaler Wahl-

96

Aus einem Brief
Edith Steins
(D = Deutschland).

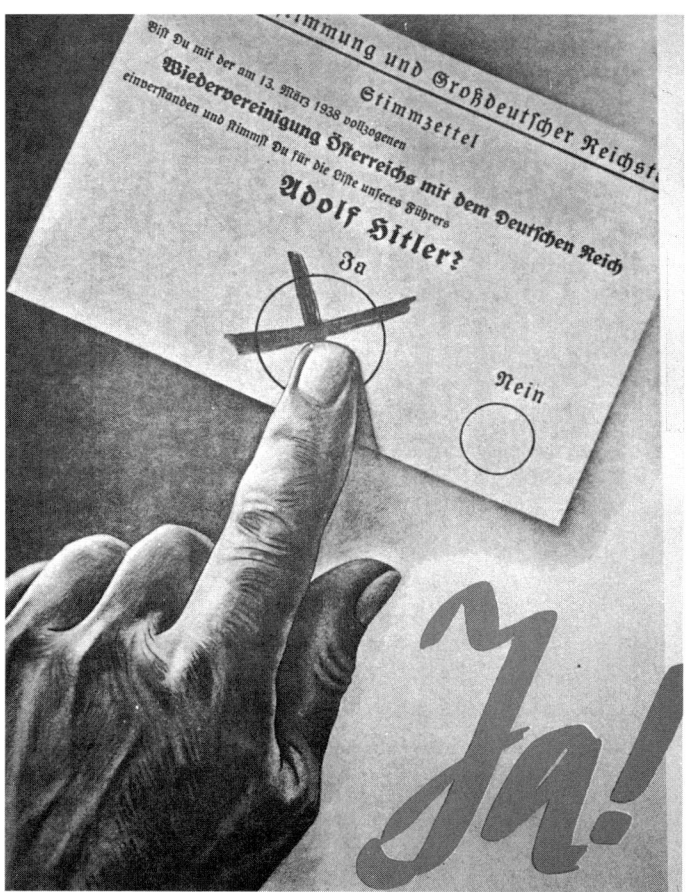

vorstandes zuvor: Sie brachte eine Wahlurne, »um den klausurierten Ordensfrauen das Herausgehen zu ersparen«. Da Edith Stein nicht zur Stimmabgabe im Sprechzimmer erschien, gab die Priorin, als man nach Dr. Stein fragte, wahrheitsgetreu an, diese Schwester sei nicht wahlberechtigt, da sie nicht arisch sei. Jeder, der Edith Stein kennt, weiß, daß sie nie und nimmer eine wahrheitswidrige Aussage – noch dazu die Verleugnung ihrer jüdischen Abstammung – geduldet hätte.

Irgendwelche Folgen hat dieses Vorkommnis nicht gehabt. Während in Aachen, Bonn-Beuel, Düren und Luxemburg die Karmelitinnen durch Hitlers Polizei aus ihrem Eigentum vertrieben wurden, ist der Kölner Karmel nie behelligt worden, bis er am 30. Oktober 1944 durch Bomben zerstört wurde. Edith Stein hat später aus Echt geschrieben: »Es war für uns alle im Kölner Karmel ein schwerer Entschluß, uns zu trennen. Aber ich hatte die feste Überzeugung, daß es so der Wille Gottes sei und daß damit Schlimmeres verhütet werden könne. Ein äußerer Druck war noch nicht erfolgt« (IX, 293).

Hitler hatte es sich zur Methode gemacht, mit einer Neuwahl des Reichstags eine Volksabstimmung zu verbinden über Ereignisse, die bereits Tatsache waren und sich einer gewissen Popularität erfreuten. Das geschah 1938 im Hinblick auf die Eingliederung Österreichs in das Großdeutsche Reich. Die Abbildung zeigt ein Propagandablatt für den 10. 4. 1938. Die Gestaltung des Stimmzettels verrät die Manipulation. Die beiden Fragen: »Bist Du mit der am 13. März 1938 vollzogenen Wiedervereinigung Österreichs mit dem Deutschen Reich einverstanden und stimmst Du für die Liste unseres Führers Adolf Hitler?« konnten nicht getrennt beantwortet werden; ein großes Feld zum Ankreuzen des Ja ließ das sehr kleine für die Wahl eines Nein fast verschwinden.

98

Ursprünglich hatte Edith Stein den Wunsch, in eines der Klöster des Ordens in Palästina überzusiedeln. Palästina – den Staat Israel gab es noch nicht – stand unter britischem Völkerbundsmandat. Schon seit dem Ersten Weltkrieg hatten sich die Konflikte zwischen Juden und Arabern immer wieder zu heftigen Unruhen gesteigert. In den Jahren 1937–1939 eskalierten sie durch die verstärkte Einwanderung jüdischer Flüchtlinge zu bürgerkriegsähnlichen Auseinandersetzungen. Die Araber erreichten zwar von Großbritannien nicht den geforderten Immigrantenstopp, wohl aber eine sehr enge Quotierung der Einwanderungswilligen. Edith Stein wäre gerne in den Karmel von Bethlehem übergesiedelt. In diesem Kloster lebten ausschließlich Araberinnen, und sicher hat Edith schon aus politischem Feingefühl davon Abstand genommen, sich dorthin zu wenden. Aber auch in keinem Archiv der anderen Karmelitinnenklöster ließ sich ein Hinweis darauf finden, daß Edith Stein jemals an einen dieser Konvente die Bitte um Aufnahme gerichtet hätte.

In Köln neigten die Priorin und die Mitschwestern dazu, eine Auswanderung Sr. Benedictas für verfrüht zu halten. Immer noch ging ja das tägliche Konventleben ungestört weiter; immer noch war der Karmel in der Dürener Straße ein stiller Ort des Gebetes, »wo man von all den wüsten Kämpfen draußen gar nichts merkt« (IV, 2). Dann aber gab der Pogrom vom 9./10. November den Ausschlag. In der Nähe des

Für die Übersiedlung Edith Steins nach Echt war eine Eingabe in Rom erforderlich. Zu diesem Zweck war eine Abstimmung im Konventkapitel vorgeschrieben. Sie ergab einstimmige Zusage.

Karmels war nichts Böses vorgefallen; aber eine Flut von Schreckensnachrichten drang in die Klausur: Synagogen brannten, Friedhöfe wurden geschändet, jüdische Geschäfte geplündert, jüdische Menschen mißhandelt, verhaftet, sogar getötet. Das gleiche Schicksal konnte jeden

99

Der Konvent des Karmels in Köln-Lindenthal, von dem Edith Stein am 31. 12. 1938 Abschied nahm (aufgenommen etwa Frühjahr 1940).
Vorn sitzend (von links): »Unsere liebe Seniorin, die kleine Schwester Theresia« Sr. M. Theresia vom hl. Josef (Broicher, * 19. 3. 1845 in Berzdorf/Rhld., † 30. 11. 1944 im Karmel Welden); Mutter Priorin Teresia Renata vom Hl. Geist (Posselt, * 28. 4. 1891 in Neuß, † 23.

1. 1961 in Köln); Sr. Ursula von den Hl. Drei Königen (Klefisch, * 28. 3. 1877 in Köln, † 20. 2. 1965 in Köln).
Erste Reihe stehend (von links): Sr. M. Monika von der Göttlichen Liebe (Hemmes, * 17. 6. 1905 in Koblenz); Sr. Mechtildis von der Schmerzhaften Mutter (Welter, * 17. 1. 1885, † 16. 2. 1957 in Köln); Expriorin M. Josepha vom Hlst. Sakrament (Wery, * 16. 1. 1876 in Brühl, † 8. 10. 1959 in Köln); Sr. M. Magdalena vom Hlst. Sa-

krament (Scherer, * 24. 11. 1893 in Murnau, † 4. 11. 1953 in Köln); Sr. M. Franziska von den unendlichen Verdiensten Jesu Christi (Fickermann, * 11. 6. 1875 in Werl, † 25. 4. 1957 in Köln); Sr. M. Baptista vom Hl. Geist (Pohl, * 19. 10. 1905 in Köln, † 29. 1. 1980 in Köln); Sr. Maria von Gott (Ernst, * 21. 12. 1904 in Metz, † 7. 2. 1981 in Köln).
Mittlere Reihe stehend (von links, vier Schwestern, die erste und die letzte im weißen Schleier): Sr. M. Alberta von der Hl. Familie (Emser, geb. Stuppi, * 7. 5. 1908 in Kübelberg, † 27. 10. 1984 im Karmel Hainburg; Agnes Emser hatte Edith Stein kennengelernt, als sie zur Aushilfe an der Klosterpforte des Kölner Karmels weilte; sie wurde im März 1939 als Pfortenpostulantin angenommen und machte zur Zeit des Fotos ihr kanonisches Noviziatsjahr in der Klausur); Sr. M. Immaculata von der Göttlichen Vorsehung (Ostermaier, * 1. 9. 1889 in München, † 22. 7. 1981 in Köln); Sr. M. Aloysia vom Hlst. Sakrament (Linke, * 5. 4. 1893 in Schlabitz/Schl., † 27. 4. 1967 in Köln); Sr. M. Veronika vom Hlst. Antlitz Jesu (Keul, * 8. 8. 1903 in Waldernbach/Westerw., † 4. 9. 1973 in Köln).
Hintere Reihe (von links): Sr. M. Helene von Jesus (Gilles, * 16. 12. 1892 in Géremont/B., † 6. 6. 1961 im Karmel Welden); Sr. M. Teresia Margareta vom Herzen Jesu (Drügemöller, * 20. 8. 1910 in Vorhelm/Westf.); Sr. M. Electa von der Königin des Friedens (Sommer, * 4. 1. 1913 in Mönchengladbach, † 6. 10. 1992 in Köln); Sr. M. Carmela von der Hlst. Dreifaltigkeit (Lieb, * 27. 7. 1909 in Düsseldorf, † 4. 7. 1991 in Köln); Sr. M. Agnes vom Lamm Gottes (Knecht, * 30. 12. 1900 in Herxheim, † 1. 12. 1971 in Köln); Sr. M. Gertrudis vom Hlst. Herzen Jesu (Robke, * 23. 1. 1905 in Haverbeck/Oldenb., † 8. 4. 1993 in Köln).
Außerdem gehörten zum Konvent: Sr. M. Angela vom Kinde Jesu (Schwalge, * 15. 7. 1880 in Kall/Eifel, † 5. 10. 1952 in Köln, die aus unbekannten Gründen nicht auf dem Bilde ist; vielleicht hat sie fotografiert?); Sr. M. Johanna vom Kreuz (Fitzek, * 17. 9. 1883 in Leobschütz/Schl., † 30. 10. 1944 in Köln).

Gekannt hat Edith Stein ferner Sr. M. Gabriele von der Verkündigung Mariä (Leuffen, * 25. 11. 1860 in Rheydt, † 23. 7. 1936 in Köln).

Der Arzt Dr. Paul Strerath aus Schlebusch bei Köln, der Edith Stein in seinem Wagen zum Echter Karmel brachte. Unterwegs machten die Reisenden halt in der ehemaligen Karmelkirche »Maria vom Frieden« in der Kölner Schnurgasse.

Dr. Leo Sudbrack, geistlicher Rektor in Schlebusch und Freund von Paul Strerath, begleitete die Reisenden von Köln nach Echt.

101

ereilen, der sich für Juden einsetzte oder irgendwie mit ihnen Gemeinschaft hielt.

Im Lauf des November folgten Schlag auf Schlag neue Verordnungen, die die jüdischen Bürger nahezu vollständig von der übrigen Bevölkerung isolierten. Diese Situation deutete Edith Stein als Hinweis, daß auch für sie die Zeit zur Ausreise gekommen sei. Um keinen Preis wollte sie die Mitschwestern oder die vielen Freunde des Hauses, die sie im Sprechzimmer aufsuchten, gefährden. Der Kölner Karmel – und auch Edith Stein persönlich – standen seit langem in Briefwechsel mit dem Karmel in Echt, einem kleinen Ort im niederländischen Limburg. Gern entschied sich Edith Stein für die naheliegende Lösung, dort um Aufnahme nachzusuchen. Am 8. Dezember 1938 traf die Anfrage in Echt ein, und innerhalb kürzester Zeit erfolgte die herzliche Zusage der Echter Mitschwestern.

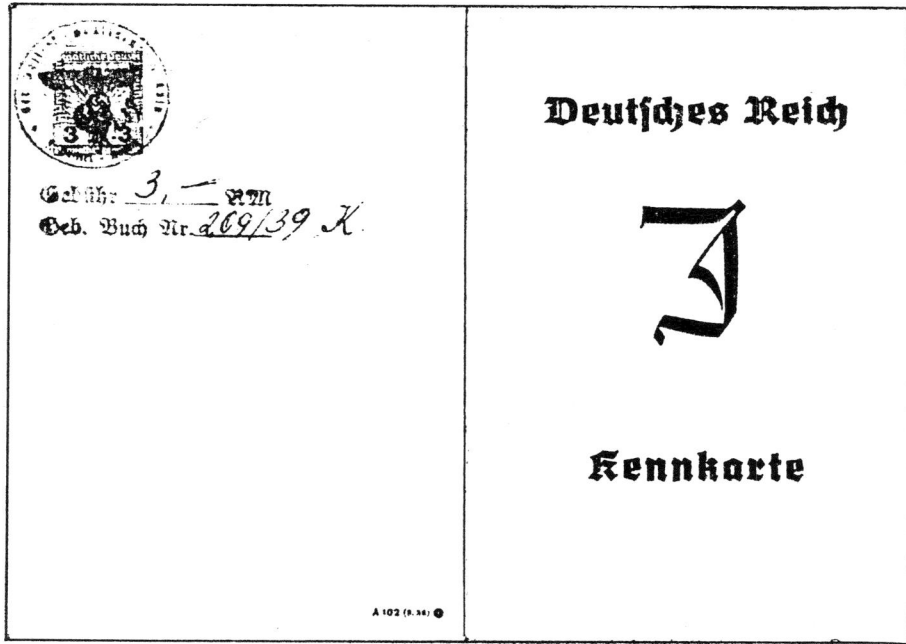

Am 1. 1. 1939 trat die Verordnung in Kraft, daß Ausweispapiere jüdischer Mitbürger durch ein J zu kennzeichnen waren. Dies war der Grund für Edith Steins Bemühung, die Ausreise in die Niederlande noch vor Jahreswechsel zu bewerkstelligen. Am Vormittag des 31. 12. 1938 erhielt sie die nötigen Reisepapiere, und schon am Nachmittag trat sie die Fahrt nach Echt an.

102

Der letzte Weg

»Decken ... Kreuz und Rosenkranz«

Edith Stein ist nicht illegal über die deutsche Grenze in die Niederlande geflohen. Sie besaß alle von deutscher Seite nötigen Ausreisepapiere. Am Morgen des 31. Dezember 1938 erhielt sie den Paß (IX, 292), und am Nachmittag reiste sie ab. Mit Ausnahme der Familiengeschichte, die ihr ein befreundeter Ordensmann später nach Echt brachte, hatte sie ihre Manuskripte und viele ihrer Bücher mitgenommen. Gegen Abend, etwa zwischen 19 und 20 Uhr, kam Edith im Echter Karmel an. Wie vor fünf Jahren in Köln, so wurde sie auch in Echt herzlich empfangen.

»Hier ist nun wieder alles neu«, schrieb Edith bald aus Echt (IX, 290), »aber ich bin wieder im Karmel und von herzlicher mütterlicher und schwesterlicher Liebe umgeben.« Die Schwesterngemeinschaft war freudig überrascht, in ihrem neuen Mitglied eine so unkomplizierte, allem Neuen problemlos sich einfügende Mitschwester zu finden. Gesundheitlich fühlte sich Edith in Echt sogar wohler als in Köln.

Das Eingewöhnen wurde Edith auch dadurch erleichtert, daß sie in ihrer vertrauten Arbeit fortfahren durfte. Sie war in der ersten Zeit ganz mit den Korrekturen ihres im Druck befindlichen Werkes »Endliches und ewiges Sein« beschäftigt. Als der weitere Druck des Buches unmöglich wurde, bat Edith um Arbeit im Haus. Im Juni wurde sie »Windnerin« und erhielt die Sorge für das Refektorium. Die Mutter Priorin bat Edith wiederholt um die Abfassung der kleinen Festansprachen, die an manchen Feiertagen üblich waren; auch mehrere kleine Sprechspiele zur Aufführung für die Novizinnen sind erhalten. Längere Zeit hatte Edith die Lesung vorzubereiten, die damals die beiden Betrachtungsstunden einleitete.

Bei all dem war Edith sich über den Ernst des Zeitgeschehens im klaren. Sie fühlte sich gedrängt, ihr Leben dem Herzen Jesu zum Opfer anzubieten, als ein Opfer der Bitte für die gequälte Menschheit. Solch ein Akt entsprach einem damals mancherorts gängigen Klosterbrauch. Für Edith Stein bedeutet er weit mehr: Für sie ist er das Sich-hineinziehen-Lassen in das Erlösungswerk Christi.

Große Sorge bereitete Edith das Schicksal ihrer Lieben. Den Schwestern Else und Erna sowie dem Bruder Arno war mit ihren Familien die Auswanderung gelungen. Aber ihr Bruder Paul mit seiner Frau und der Nichte Eva war noch in Breslau. Alle Bemühungen der Angehörigen in Amerika, diese nachzuholen, waren vergeblich. Am meisten sorgte sich Edith um die alleinstehenden Schwestern Frieda und Rosa.

103

31. Dez. 1938

Ambulemus sub umbra virtutis Altissimi, ut nos inveniamus in luce beatissima.

Immer Deine treue Mutter und Schwester Sr. Teresia Renata de Spiritu Sancto

Edith Stein hatte den Wunsch geäußert, auf dem Weg nach Echt die alte Karmelitinnenkirche »Maria vom Frieden« in der Kölner Altstadt besuchen zu dürfen. Das Bild zeigt die Kirche vor ihrer Zerstörung. Im April 1942 brannte die Kirche völlig aus; auch das Gnadenbild wurde vernichtet. Erhalten blieben die Gewölbe, die Fassade und der Turm.

Von der Mutter Priorin Teresia Renata Posselt beschriebene Rückseite eines Bildes vom Karmel in Köln-Lindenthal. Der Text besagt: »Laßt uns gehn in der Kraft des Allerhöchsten, damit wir uns wiederfinden im seligen Licht.« Die Unterschrift »Deine treue Mutter und Schwester« ist für die damalige Zeit, als die Priorin mit »Eure Ehrwürden« angeredet wurde, etwas ganz Außergewöhnliches.

104

Von Echt aus schrieb Edith Stein an Freunde: »Wenn Sie wieder nach Köln kommen und meine liebe alte Klosterheimat besuchen, dann nehmen Sie viele Grüße von mir mit, auch zur Friedenskönigin in der Schnurgasse. Habe ich Ihnen geschrieben, daß ich mir ihren Segen holen durfte, ehe ich herfuhr? Das Auto, das mich herbrachte, fuhr mich erst dorthin. Ich war oben im alten Schwesternchor, so daß ich ganz nahe zum Gnadenbild hinzutreten konnte, dann auch in der Gruft, wo die Karmelitinnen begraben sind.«

Die Totengruft unter dem Hochaltar der Kirche »Maria vom Frieden«, die Edith Stein am 31. 12. 1938 besuchen konnte. Es waren dort die Schwestern bestattet, die in den letzten Jahrzehnten vor der Auflösung des Klosters (1802) gestorben waren.

105

Aber selbst in Echt gab es gleich zu Beginn eine Schwierigkeit. Edith drängte nämlich darauf, polizeilich angemeldet zu werden. Sie fand, in einem neutralen, gastfreundlichen Land mit ordentlicher Regierung sei man dazu verpflichtet. Es stellte sich heraus, daß Edith zwar eine Einreiseerlaubnis besaß, aber keine Genehmigung zum Daueraufenthalt in den Niederlanden. Es war sehr schwierig, diese zu erlangen, denn das Land war von Flüchtlingen überschwemmt. Durch Beziehungen guter Freunde gelang es schließlich, den Justizminister persönlich einzuschalten. Alle Aufenthaltsgesuche einwandernder Juden gingen über das Justizministerium in Den Haag.

Inzwischen war Rosa mit einer Tertiarin des Karmelordens in Verbindung gekommen, die in einem Dorf in Belgien (Roclenge-sur-Geer, Provinz Luik) ein verlassenes Herrengut gemietet hatte. Sie wollte eine neue geistliche Gemeinschaft gründen. Im Mai kam Rosa mit Möbeln, Wäsche und Geschirr dort an, mußte aber erkennen, daß sie einer Phantastin zum Opfer gefallen war. Einer jungen Verwandten der Priorin in Beek gelang es schließlich, Rosa aus Belgien herauszubringen. Am 1. Juli tauchte sie, allerdings nur mit kleinem Handgepäck, zur Erleichterung aller im Echter Karmel auf.

Der Karmelitenprovinzial, P. Cornelius Leunissen, kümmerte sich persönlich um Rosa. »Das Einwandern ist aber nicht leicht«, mußte Edith bald in einem Brief feststellen. Und noch am 11.

Haustür der Klosterpforte, Bovenste-Straat 48.

106

»Wir haben den Friedhof in der Klausur«, stellt Edith bald nach der Ankunft in Echt freudig fest (in Köln-Lindenthal wurden die verstorbenen Schwestern auf dem städtischen Friedhof bestattet), »und ich durfte die alten Kölner Schwestern begrüßen, die da begraben liegen. Das Haus hier wurde von den Kölner Karmelitinnen begründet, die 1875 ausgewiesen wurden« (IX, 293).

Die Klosterkirche des Karmels in Echt.

Gartenseite des Klosters.

107

Der Konvent des Karmels in Echt (aufgenommen etwa Frühjahr 1940).

Ganz vorn, im weißen Schleier, links: eine Novizin, die wieder austrat; Sr. Mirjam vom Hl. Geist (Dircks, * 10. 8. 1919).

Zweite Reihe (von links): Sr. Anna vom hl. Bartholomäus (Schlütter, 2. 11. 1875, † 4. 12. 1959 in Echt); Sr. M. Ottilia von Jesus dem Gekreuzigten (Thannisch, * 29. 7. 1878, † 15. 5. 1958 in Echt; Sr. Ottilia war bis zum 29. 9. 1940 Priorin); Sr. Ambr. Antonia vom Hl. Geist (Engelmann, * 31. 3. 1875, † 30. 4. 1972 in Echt; Sr. Antonia war ab 29. 9. 1940 Priorin); Sr. M. Euphrasia vom Hlst. Herzen Jesu (* 22. 9. 1888, † 16. 12. 1944).

Mittlere Reihe (von links): halb sichtbar, im weißen Schleier: Sr. M. Magdalena vom Hlst. Erlöser (Cuypers, * 29. 9. 1868, † 14. 2. 1942); im weißen Schleier: Sr. M. Agatha von der Unbefleckten Empfängnis Marias (Führt, * 3. 3. 1883, † 9. 2. 1963); Sr. M. Josepha von der Schmerzhaften Mutter (Geysse, * 24. 11. 1868, † 7. 1. 1956 in Echt); Sr. M. Theresia vom Hlst. Herzen Jesu (Freystätter, * 19. 2. 1868, † 18. 5. 1960 in Echt); Sr. Maria vom hl. Josef (Krause, * 24. 6. 1864, † 31. 5. 1945 in Leeuvwarden/Friesland [im Exil]).

Hinter Sr. Euphrasia: Sr. M. Clara von der Unbefleckten Empfängnis (Erkens, * 11. 5. 1898, † 22. 12. 1991 in Beek); Sr. M. Pia vom hl. Joseph (Nüschen, * 17. 10. 1885, † 4. 2. 1971.

Ganz oben (von links): Sr. T. Benedicta vom Kreuz (Stein, * 12. 10. 1891 in Breslau, † 9. 8. 1942 in Auschwitz); Sr. M. Catharina von Jesus-Maria-Josef (Muller, * 10. 12. 1908); Sr. M. Margareta von Christus dem König (Smeets, * 1. 12. 1906); Sr. M. Francisca vom Hlst. Antlitz (Wieschalla, * 8. 2. 1900, † 18. 6. 1985 in Echt).

108

"Wie süss ist es zu sterben, wenn man eine zärtliche Liebe zum Herzen Dessen hat, Der uns richten wird."

J. M. † J. TH.

ZUM FROMMEN GEDENKEN
an unsere vielgeliebte Schwester

Maria Gertrudis Theresia von der hl. Agnes,
(MARIA ERZBERGER).
Unbeschuhte Carmelitin.

Geboren zu Stuttgart am 13. Oktober 1902, trat sie 18-jährig in den Carmel zu Echt, empfing das hl. Ordenskleid am 15. Oktober 1921 und legte ihre feierliche Profess ab am 16. Oktober 1925. Den schwarzen Schleier erhielt sie am darauffolgenden Gertruden-tag, 15. November 1925.
Nach kurzer, schwerer Krankheit verschied sie sanft, in vollster Hingabe in Gottes hl. Vaterwillen, im Carmel zu Echt am 17. September 1937.

R. I. P.

Heiligstes Herz Jesu, Opfer der Liebe, mache mich zu einer lebendigen hlg. gott-gefälligen Opfergabe für Dich!
Während die umstehenden Schwestern dieses Gebet mehrmals wiederholten, gab die liebe Verstorbene ihre Seele in die Hände des Vaters zurück.

Drukkerij R. Griens, Echt.

Kurz nach ihrem Einzug im Echter Karmel schrieb Edith an eine Bekannte: »Ich bekam die Zelle einer Schwester, die im vorletzten Jahr im Ruf der Heiligkeit gestorben ist. Ich will unsere liebe Ehrw. Mutter bitten, daß sie Ihnen ein Bildchen von ihr beilegt.« – Diese Schwester war Maria Erzberger, Tochter des Reichsfinanzministers Matthias Erzberger, der – als Maria schon Postulantin war – in seinem Urlaubsort von politischen Gegnern ermordet wurde (26. 8. 1921). Schw. M. Gertrudis Erzberger, geboren am 13. 10. 1903, starb am 17. 9. 1937 an einer unheilbaren Krankheit. Edith Stein hat später ein kurzes Lebensbild der Erzbergertochter verfaßt.

Mit nach Echt nahm Sr. Benedicta ihr Zellentürbild. Es ist im Karmel Brauch, durch ein kleines Bild des Namenspatrons die Zellentür der Bewohnerin kenntlich zu machen. Ediths Zellenbild, »selbstgemacht« von einer der Schwestern, zeigt den heiligen Ordensgründer Benedictus mit seinem Wahlspruch: Nichts der Liebe Christi vorziehen!

Zellengang des Noviziates. In Echt gab Edith Stein den Novizinnen Lateinunterricht.

Oktober schreibt sie: »Trotz wiederholter Eingaben ist es bis jetzt nicht gelungen, die Aufenthaltserlaubnis für sie zu erlangen« (CIV, 77). Am 25. Dezember 1939 drohte die örtliche Erlaubnis abzulaufen. »In den Wochen vorher wurde immer wieder vom Bürgermeisteramt hergeschickt, ob noch immer kein Bescheid vom Minister da sei« (CIV, 8 d). Der traf schließlich am 21. Dezember ein. Diesmal schreibt Edith, daß als letzte Hürde noch das Außenministerium gewonnen werden mußte. »Es ist ja kein Wunder«, sagt Edith dazu, »daß in den Ministerien jetzt so etwas liegen bleibt« (CIV, 77). Die Genehmigung für Rosa blieb auf das Kloster in Echt beschränkt und mußte monatlich erneuert werden.

Im Juni 1939 machte Edith Stein zum erstenmal in Echt ihre privaten Exerzitien. Während dieser Tage – am 9. Juni 1939 – verfaßte sie nochmals ein Testament, weil sie das erste vor der Übersiedlung nach Echt vernichtet hatte.

Im Juli desselben Jahres bereiste der Generalobere der Unbeschuhten Karmeliten, P. Petrus Thomas Sioli, von Rom aus die rheinischen und niederländischen Klöster. Bei einem Besuch im Karmel Echt am 26. Juli 1939 sprach er auch kurz mit Sr. Benedicta.

Sie benutzte die Gelegenheit zu der Bitte, in Echt die sogenannten Feierlichen Gelübde ablegen zu dürfen. P. General verschob die Entscheidung auf später: zum damaligen Zeitpunkt die kirchenrechtlich einzig mögliche Antwort.

110

Dieses Blatt übergab Edith Stein ihrer Priorin zur Aufbewahrung. Priorin im Echter Karmel war damals Ottilia von Jesus dem Gekreuzigten.

In den rheinischen Klöstern wurden seit der Säkularisation statt der Feierlichen die sogenannten Einfachen Ewigen Gelübde abgelegt. Die Bezeichnung »Feierlich« hat nichts mit der Festlichkeit der Gelübdeablegung zu tun; es handelt sich um einen kirchenrechtlichen Terminus. Die Feierlichen Gelübde, die nur in den alten Orden abgelegt wurden, bewirkten eine strengere Verpflichtung und – nach Auffassung der Kirche – eine engere Bindung an Christus.

Papst Pius XII. gibt in seiner Apostolischen Konstitution »Sponsa Christi« vom 21. November 1950 diese Auffassung wieder, wenn er sagt, daß die Feierlichen Gelübde für die kontemplativen Orden ein »kirchenrechtlich notwendiges und beherrschendes Merkmal« darstellten, weil sie »eine engere und vollständigere Weihe an Gott in sich schließen als andere öffentliche Gelübde.« Wenig später wurden die Feierlichen Gelübde in den Klöstern der Kar-

111

J. † M. † J. † Th.

PROFESSIEBRIEF.

Ik, Rosa Maria a Jesu, leg mijn gelofte af en ik beloof aan God, aan de Allerheiligste Maagd Maria van den Berg Karmel, aan onze H. Moeder Theresia, en aan de Oversten der Orde, gehoorzaamheid en zuiverheid, volgens den Regel der Derde Orde, welken ik met de grootst mogelijke volmaaktheid wil onderhouden, tot aan mijn dood.

De Directeur,

P. Mauri

O. C. D.

Rosa wäre im Echter Karmel gern Pfortenschwester geworden. Aber der Echter Karmel hatte nie Pfortenschwestern gehabt; langjährige, dem Konvent treulich verbundene Angestellte waren noch im Hause. Auf diese Situation mußte man Rücksicht nehmen. Rosa wurde Sakristanin in der Klosterkirche. Sie kam öfter zum Helfen in den Klausurgarten und traf sich regelmäßig mit ihrer Schwester im Sprechzimmer. »Ich habe es schön hier«, schrieb sie damals an ihre Angehörigen in den USA. Im Sommer 1940 trat sie dem III. Orden des Karmels bei und erhielt den Tertiarennamen Schw. Rosa Maria von Jesus. So gewann auch sie im Echter Karmel eine geistliche Heimat. Am 25. 6. 1941 legte sie als Drittordensmitglied ihre Gelübde ab. Das Foto zeigt den »Profeßbrief«, unterzeichnet von P. Mauritius von der Königin des Friedens OCD (Korte), dem Leiter des III. Ordens.

112

Auszug aus einem Brief der Mutter Antonia Engelmann, Priorin des Echter Karmels ab 29. 9. 1940.

In der zweiten Julihälfte besuchte P. General Petrus Thomas mit drei Begleitern den Kölner Karmel. Dies Foto zeigt ihn im Garten des Lindenthaler Klosters (im weißen Mantel; hinter ihm der Provinzial Altendorfer, * 7. 10. 1893, † 3. 1. 1953). Auf dem Bild ist auch die Postulantin Helene Lieb (vierte von links) zu sehen, die Ostern 1939 im Kölner Karmel eintrat. Sie kannte Edith Stein aus Münster, und diese schrieb aus Echt am 16. 4. 1939: »Helene Lieb habe ich gut gekannt ... Ich habe schon Nachricht, daß sie am Osterdienstag (in Köln) angelangt ist. Sie ist also meine Nachfolgerin.« P. Petrus Thomas reiste anschließend in die Niederlande und weilte am 26. 7. 1939 im Echter Karmel.

◁

Auszug aus einem Brief von Mutter Ottilia Thannisch, Priorin im Echter Karmel bis 29. 9. 1940. Er enthält einen Glückwunsch zur Ablegung der Feierlichen Gelübde, die in Köln erst am 11. 4. 1953 stattfand. M. Ottilia bezeugt, daß es Edith Stein bei ihrer Bitte an P. General um die Feierliche Profeß ging. Diese war in Echt seit 1926 eingeführt.

N. 2071 / 39

Beatissime Pater,

Soror M.Theresia Benedicta a Cruce ex Monasterio Carmelitarum
Discalceat.Dioec.Coloniensis humillime ad pedes S.V. provoluta
petit facultatem transeundi ad eiusdem Ordinis Monasterium
Echtense Dioec.Ruraemundensis.
Et Deus,etc.

———————————

Vigore facultatum a Ssmo Domino Nostro concessarum S.Congregatio
Negotiis Religiosorum Sodalium praeposita,audito voto Em.Card.Archi-
episcopi Coloniensis,Eidem benigne remisit,ut petitum transitum,ad
triennium,pro suo arbitrio et prudentia concedat;antequam autem
triennium expleatur,si soror in transitum definitivum consenserit,
fiat denuo recursus ad hanc Sacram Congregationem,cum scripto con-
sensu communitatis.
Contrariis quibuscumque non obstantibus.
Datum Romae, die 19.Januarii 1939.

L.S.   + Fr.L.H.Pasetto
                                       Secr.

———————————

Concordat cum Originali in cujus fidem ...
Monchii,die 6.Februarii 1940.

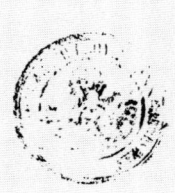

                 fr. Heribertus a ss. Maria,
                         Provincialis

                 fr. Elmarus a S. Maria.

                      Secr.Prov.

Dieses aus der Römischen Kurie stammende Dokument besagt, daß Sr. Teresia Benedicta a Cruce der Übergang vom Kölner Karmel in den Karmel zu Echt, Diözese Roermond, genehmigt sei, nach dem klugen Ermessen des Kölner Erzbischofs Kardinal Schulte. Es wurde ferner in diesem Papier festgelegt – wie damals üblich –, daß die Erlaubnis für drei Jahre gegeben war und vor Ablauf des dritten Jahres von neuem in Rom erbeten werden müsse, nach Zustimmung des Konventes der Schwestern, falls Sr. T. Benedicta endgültig in den anderen Karmel übersiedeln wolle.

114

Dieses Briefchen Edith Steins an ihre Priorin Mutter Antonia wurde schon in der ersten Biographie und vielfach später noch falsch eingeordnet. Es stammt nicht aus dem Lager Amersfoort oder Westerbork. Vielmehr wurde es auf die Rückseite einer Briefkarte geschrieben, die Edith Stein im September 1941 von P. Avertanus aus dem Karmel in Waspik erhielt. Das Briefchen wurde geschrieben im Hinblick auf die endgültige Angliederung Edith Steins in Echt, mit der Mutter Antonia zuerst gezögert hatte, weil Erwägungen über eine evtl. Übersiedlung in einen anderen Karmel bereits angestellt wurden. Jedoch erhielt Edith Stein am 12. 12. 1941 die offizielle Zusage zur Angliederung in Echt (vgl. S. 121).

115

Anschließend äußert Edith Stein Wünsche zur Verwendung ihrer Bücher und Manuskripte. Dann folgen zwei Abschnitte als geistliches Vermächtnis (vgl. Edith Stein. Ihr Leben in Dokumenten und Bildern. Echter 1987). Die Schlußzeilen lauten.

melitinnen wieder allgemein eingeführt. In Köln geschah das 1953; in Echt aber war das bereits viele Jahre vorher geschehen. Daher war Edith Stein glücklich, im Echter Karmel diese Art der Gelübde praktiziert zu finden, die sie in Köln vermissen mußte.

Bei dem erwähnten Gespräch zwischen Edith Stein und P. Petrus Thomas – es wurde in lateinischer Sprache geführt – waren zugegen die Priorin M. Ottilia Thannisch und die damalige Subpriorin M. Antonia Engelmann, außerdem der Sekretär des Generals P. Baptista Pozzi (* 4.7.1902; † 28.8.1946). Da die Feierlichen Gelübde in Köln zu jener Zeit nicht in Aussicht standen, in Echt aber seit 1926 abgelegt wurden, schließt Edith Steins Bitte um die Feierliche Profeß die Absicht ein, in Echt zu bleiben. Jedoch war dies 1939 keineswegs der Inhalt ihrer Bitte an P. General. Mit P. Baptista hat Edith Stein im Herbst 1939 noch einige Briefe gewechselt: Es ging am 26. Juli 1939 eindeutig um die Gelübdefrage. Edith sagt in ihrem Brief, daß sie nach Ablauf der vom Kirchenrecht vorgegebenen Zeit – drei Jahre – auf ihre Bitte zurückkommen werde, »if I shall be alive and in circumstances that alow to do so« (IV, 150a/2) (wenn ich dann noch lebe und die Umstände es mir erlauben).

Am 1. September fielen Hitlers Truppen in Polen ein: der Zweite Weltkrieg begann. Äußerlich veränderte sich für die beiden Schwestern Stein zunächst nicht viel. Aber in den Niederlanden und zumal im grenznahen Echt wuchs

116

In den Niederlanden war der Prozentsatz der ermordeten Juden besonders hoch. Außer in der geographischen Lage des Landes, die keine Fluchtmöglichkeit offenließ, wird dies dem strafforganisierten Meldewesen zugeschrieben. Der Befehlsweg von der Obersten Leitung des Dritten Reiches in Berlin bis in die Außenstellen der Niederlande war kurz und mit brutalen Machthabern besetzt. Das gesamte Polizeiwesen wurde alsbald nach der Besetzung entsprechend dem Reichssicherheitshauptamt (RSHA) in Berlin organisiert. Schon im Juli 1940 entstand eine Dienststelle in Den Haag für den Befehlshaber der Sicherheitspolizei und des Sicherheitsdienstes (SD). Dieses Amt besaß, wie das RSHA, mehrere Abteilungen, deren IV. die Bezeichnung »Gegnerbekämpfung und Abwehr« trug; Abt. IV B 4 war das »Judenreferat«. – Als die »Endlösung« in Gang kam, gab es in den Niederlanden Kopfprämien für jeden bei den Razzien ergriffenen Juden. ▷*

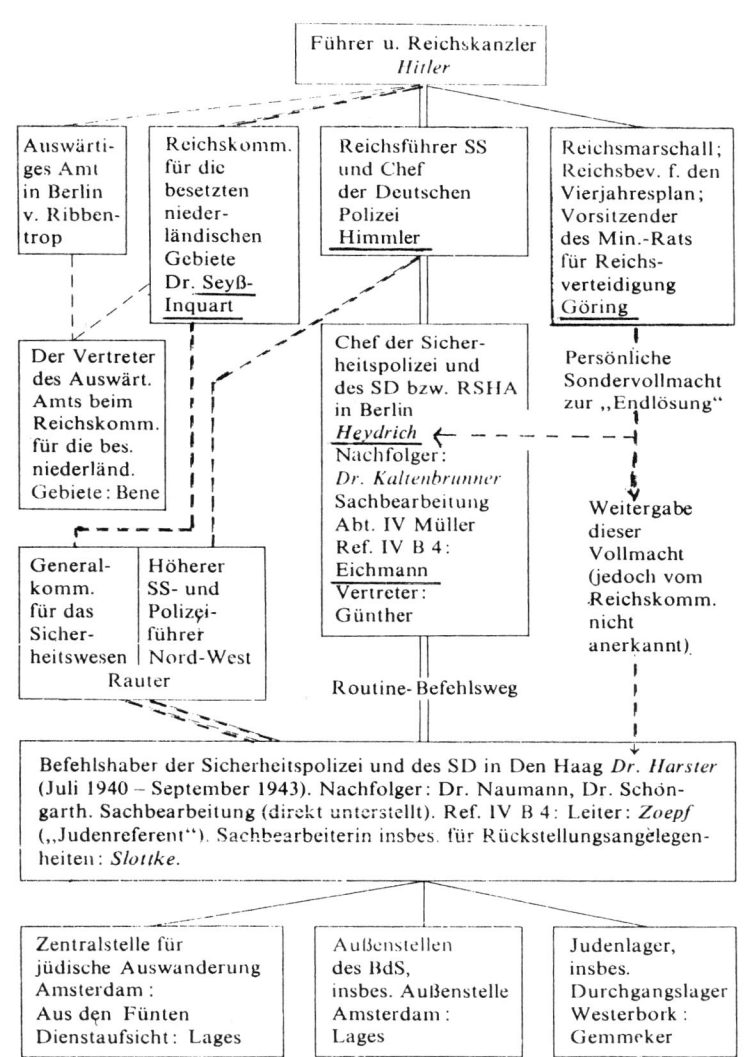

die Angst vor einem ähnlichen Schicksal, wie Osteuropa es erlitt.

Das Jahr 1940 wurde dann zum Schicksalsjahr. Am 10. Mai überfielen deutsche Heereseinheiten, unterstützt durch Fallschirmtruppen, Luxemburg, Belgien und die Niederlande. Die unvorbereiteten Staaten kapitulierten schnell, die Niederlande am 15. Mai. Oberkommandierender der deutschen Wehrmacht in den Niederlanden war Fliegergeneral Friedrich Christiansen. Zusätzlich wurde bald ein Reichskommissar für die Zivilverwaltung eingesetzt, Arthur Seyß-Inquardt, ein Österreicher. Er galt als zynischer Fanatiker im Sinne des nationalsozialistischen Rassenwahns.

ORTSKOMMANDANTUR   Roermond, den 15. November 1940

(Stempel Gemeente Echt
Ingekomen 18. 11. 1940)

                        An den Herrn Bürgermeister der Gemeinde
                        ECHT

Sie werden ersucht, bis zum 19. November 1940, abends 6 Uhr zu melden:
1) Namen, Geburtsdaten, Geburtsort, letzter Wohnort und jetzige Anschrift aller in
   Ihrer Gemeinde wohnenden Juden,
2) Alle jüdischen Geschäfte, ihre Branchen, Anschrift und Inhaber.
Diese beiden Listen sind getrennt und in doppelter Ausführung einzureichen.

                                    Der Ortskommandant
                                    a/B. (gez.) Unterschrift
                                    Oblt. u. Standortoffizier

                    GEMEENTE ECHT

                                    Echt, den 18. November 1940

863/1   Wordt verzocht bij de beantwoording
Nr. 756   datum en nummer dezes aan te halen.
Onderwerp:

                        Juden – jüdische Geschäfte.
                        Bijlagen: 2 in doppelter Ausführung

Antwoord op brief van:
15. November 1940

                        Anläßlich Ihres Schreibens vom 15. November 1940,
                        übersende ich Ihnen hierbei die Listen von in dieser Ge-
                        meinde wohnenden Juden und jüdischen Geschäften.

                                    Der Bürgermeister von Echt

An den Herrn
Ortskommandant
zu Roermond.

LISTEN VON IN DER GEMEINDE ECHT WOHNENDEN JUDEN

Namen und Vornamen	Geb. Datum	Geb. Ort	Letzter Wohnort	Anschrift
1. Goldschmidt,	31. 1. 1922	München	Eersel (Ned.)	Echt, Konings-bosch
Annemarie Louise			München (Dl.)	Breberderweg West 119
2. Goldschmidt,	4. 8. 1923	München	Eersel (Ned.)	Echt-Konings-bosch,
Elfriede Karoline Ida Sara			München (Dl.)	Breberderweg West 119
3. Stein. Edith	12. 10. 1891	Breslau	Köln (Dl.)	Echt, Bovenste Str. No. 48
4. Stein, Rosa	13. 12. 1883	Lublinitz	Roelenge (Be.)	Echt, Bovenste Str. No. 48
5. Marx, Ernst	30. 5. 1893	Bonn	Bonn (Dl.)	Echt, Bovenste Str. No. 51

E. Marx ist verheiratet mit Wilsberg, Sofie Karoline, geb. 7. 12. 1912 zu Rheinbreitbach. Der
letzte Wohnort war Köln. Diese Frau ist arisch.

            JÜDISCHE GESCHÄFT IN ECHT

Branche:	Anschrift:	Inhaber:
Fabrikation von Putzmittel	Bovenste straat 51	Ernst Marx

*Die erste für die Schwestern Stein einschneidende Ver-
ordnung kam am 22. 10. 1940: Registrierung aller jüdischen Unternehmen und Personen. Am 15. 11. wurde das
Echter Bürgermeisteramt aufgefordert, die jüdischen Ein-
wohner an die Ortskommandantur in Roermond zu melden. Wenige Tage später ging die angeforderte Liste ab:
sie enthielt für das kleine Echt nur wenige Personen, darunter die Namen von Edith und Rosa Stein und der beiden Schwestern Goldschmidt, jungen Mädchen, die wir
später auf der Westerborker Todesliste wiederfinden.*

118

In eine neue Phase der verwaltungsmäßigen »Umzingelung« der Juden führte die »Verordnung 6/1941«, d. h. die 6. Verordnung vom 10. 1. 1941. Mit ihr wurden alle Personen erfaßt, die ganz oder teilweise jüdischen Blutes waren. Freunde des Hauses hatten Edith Stein geraten, die Meldeformulare nicht auszufüllen; sie hat sich aber später doch dazu entschlossen. Vielleicht hängt es hiermit zusammen, daß die Schwestern Stein im Oktober 1941 erneut nach Maastricht vorgeladen wurden. Edith schreibt am 8. 10.: »Rosa und ich waren am Montag vormittag beim Polizeikommissar in Maastricht, um uns vorschriftsgemäß anzumelden. Die Schwestern haben indessen hier gebetet, und es ist alles sehr gut gegangen.« Diese Bemerkung läßt darauf schließen, daß es sich um eine als schwierig eingeschätzte Situation gehandelt hat. »Die Juden in den Niederlanden sind durch die Verordnung 6/1941 des Reichskommissars erfaßt«, konnte der Amsterdamer Beauftragte befriedigt feststellen.

▽ *(d. h. Kirchliche Konfession)*

Aanmeldingsformulier voor één persoon,
die geheel of gedeeltelijk van joodschen bloede is (Verordening 6/1941)
Invullen met schrijfmachine of met inkt in blokletters

1.	Geslachtsnaam: (een vrouw valt hier alléén haar meisjesnaam in) Voornamen: (alle voluit)	
2.	Geboorteplaats: (gemeente) Datum van geboorte: (dag, maand en jaar)	
3.	Woon- of verblijfplaats: Straat- en huisnummer: Laatste woonplaats in het Groot-Duitsche Rijk (met inbegrip van het Protectoraat Bohemen en Moravië) of van het Gouvernement-Generaal voor het bezette Poolsche gebied: (invullen voor hen, die na 30 Januari 1933 in Nederland geïmmigreerd zijn)	
4.	Nationaliteit: en Eventueele vroegere nationaliteiten:	
5.	Kerkelijke gezindte:	
6.	Beroep of werkzaamheid: (duidelijk omschrijven)	
7.	Ongehuwd, gehuwd, weduwnaar, weduwe of gescheiden van echt: (naam en voornamen van echtgenoot(e) of gewezen echtgenoot(e) voluit)	gehuwd met: weduwnaar van: weduwe gescheiden van:
8.	De onder 1 vermelde persoon: *a.* behoorde op 9 Mei 1940 tot de joodsch-kerkelijke gemeente *b.* is na dien datum daarin opgenomen *c.* was op 9 Mei 1940 met een jood gehuwd *d.* is na dien datum met een jood in het huwelijk getreden	ja/neen ja/neen ja/neen ja/neen
9.	Hoeveel joodsche grootouders in den zin van artikel 2 der verordening (zie keerzijde): (invullen in letters)	
10.	Opmerkingen:	

Niet zelf invullen	Par. ambt.	Ondergeteekende verklaart het vorenstaande naar waarheid te hebben ingevuld.
Ingekomen dd. Leges { ƒ 1,- { voldaan / niet voldaan Vermindering tot een bedrag van ƒ } Reden: Vrijstelling Vergeleken met en aanduiding geplaatst op:		Gemeente 1941 *(handteekening aanmeldingsplichtige)*

119

Wie im Reichsgebiet erging es nun auch den Juden in den Niederlanden – sie wurden aus dem Berufsleben ausgeschaltet, ihrer wirtschaftlichen Existenzbedingungen beraubt, von der übrigen Bevölkerung isoliert. Rosa Stein war durch ihre Kontakte im Außendienst des Karmels über vieles informiert und hielt ihre Schwester auf dem laufenden. Entsprechend den nationalsozialistischen Taktiken waren die jüdischen Bürger verwaltungsmäßig und polizeilich längst Gefangene, ehe sie physisch festgenommen wurden. So wurden z. B. schon im Mai 1940 die in den Ministerien registrierten Anträge für Aufenthaltsgenehmigungen von den neuen Machthabern »erfaßt«. (Justizminister Dr. Goseling, der auch für Edith und Rosa Stein eingeschaltet worden war, kam 1941 in einem deutschen KZ ums Leben.)

Ende November 1940 wurden Edith und Rosa nach Maastricht vorgeladen, um die Personalausweise überprüfen zu lassen. Der Provinzial P. Cornelius meinte, das für die Betroffenen übernehmen zu können, wurde aber der »Judenbegünstigung« beschuldigt und grob abgewiesen. Am 6. Dezember erschien die Gestapo an seinem Kloster in Geleen, um ihn zu verhaften. Er war aber gewarnt worden und konnte fliehen. So mußten also Edith und Rosa Stein selbst nach Maastricht fahren. Bei dieser ersten Vorladung ist wohl die Episode anzusetzen, die mündlich überliefert ist: Edith Stein habe das Büro der Gestapo betreten mit dem Gruß: »Gelobt sei Jesus Christus!« Nach ihrer Überzeu-

gung, so erklärte sie später, sei der gegenwärtige Kampf der Weltanschauungen nichts anderes als der uralte Widerstreit zwischen Christus und Luzifer. In der Verfolgung der Juden sieht Edith Stein diesen Widerstreit bestätigt; für sie ist das gleichsam ein eschatologisches Zeichen: Wer das erwählte Volk Gottes schmäht, der lästert Gott und seinen Gesalbten, Christus.

Im Februar und im Juni 1941 kam es zu den ersten Razzien und Deportationen von Juden. Die Unruhe im Land stieg sichtlich; auch die Selbstmordrate schnellte hoch.

Am dritten Jahrestag ihrer Ankunft in Echt schrieb Edith Stein an eine befreundete Juristin in der Schweiz: »Heute sind es drei Jahre, seit ich im Echter Karmel bin. Vor kurzem ist von beiden Kapiteln« – d. h. von den Konventkapiteln in Köln und in Echt – »beschlossen worden, daß die Versetzung endgültig sein soll. Die Entscheidung muß nach drei Jahren und darf nicht früher getroffen werden. Nun kam gerade in den Tagen, als darüber abgestimmt wurde, die Verfügung der Besatzungsbehörden, die alle nichtarischen Deutschen in den Niederlanden für staatenlos erklärte und aufforderte, sich bis 15. 12. zur Emigration anzumelden. Wir – d. h. meine Schwester Rosa und ich – haben das getan, weil es unter schwerer Strafe befohlen war ... Von Ihnen möchte ich gern erfahren, ob unter der Voraussetzung der Aufnahme in ein Kloster für uns Einreiseerlaubnis mit Visum zu erhalten wäre« (IX,331). Hilde Vérène Borsinger stand im öffentlichen

Zustimmung des Kölner Karmels zur endgültigen Übersiedlung Edith Steins in den Karmel von Echt.

Kapitelakt

Heute am 23.November 1941 gegen 13 Uhr, wurde das Kapitel von der Priorin Schwester Teresia Renata de Spir.Sancto ein= berufen, zu der Zeit, da der Hochwürdige Pater Heribert a St. Maria Provinzial unserer bayerischen Ordensprovinz vom heili= gen Kreuz war. Es wurde den 15 Kapitularinnen die Frage vor= gelegt, ob sie einverstanden seien, dass Schwester Teresia Benedicta a Cruce dem Carmel von Echt angegliedert würde.Die Antwort der Kapitularinnen war bejahend.

Schw. Teresia Renata de Spir. Stu. Priorin

Schw. Maria Franziska et inf. Mes. J. Chr. I. Clav.

Köln-Lindenthal.den 23. November 1941

Vrijdag, 12. Dec. 1941, in ons klooster te Echt werden de Capitulanten wettig bij-een geroepen, om af te stemmen over het aannemen van Zr. Ther. Benedicta a Cruce uit den Carmel van Keulen, als Capitulante.

Het Kapittel antwoordde toestemmend.

Carmel Echt, 12. Dec. 1941.

Zr. Maria Antonia a Spir. Sto Pr.

Zr. Maria Othilia a Jesu Oruch. 1. Cl.

Durch Abstimmung des Konventkapitels in Echt wurde Edith Stein als Vollmitglied – Kapitula- rin mit Sitz und Stimme – offiziell aufgenommen.

Elfte Verordnung zum Reichsbürgergesetz.
Vom 25. November 1941.

Auf Grund des § 3 des Reichsbürgergesetzes vom 15. September 1935 (Reichsgesetzbl. I S. 1146) wird folgendes verordnet:

§ 1

Ein Jude, der seinen gewöhnlichen Aufenthalt im Ausland hat, kann nicht deutscher Staatsangehöriger sein. Der gewöhnliche Aufenthalt im Ausland ist dann gegeben, wenn sich ein Jude im Ausland unter Umständen aufhält, die erkennen lassen, daß er dort nicht nur vorübergehend verweilt.

§ 3

(1) Das Vermögen des Juden, der die deutsche Staatsangehörigkeit auf Grund dieser Verordnung verliert, verfällt mit dem Verlust der Staatsangehörigkeit dem Reich. Dem Reich verfällt ferner das Vermögen der Juden, die bei dem Inkrafttreten dieser Verordnung staatenlos sind und zuletzt die deutsche Staatsangehörigkeit besessen haben, wenn sie ihren gewöhnlichen Aufenthalt im Ausland haben oder nehmen.

(2) Das verfallene Vermögen soll zur Förderung aller mit der Lösung der Judenfrage im Zusammenhang stehenden Zwecke dienen.

§ 2

Ein Jude verliert die deutsche Staatsangehörigkeit

a) wenn er beim Inkrafttreten dieser Verordnung seinen gewöhnlichen Aufenthalt im Ausland hat, mit dem Inkrafttreten der Verordnung,

b) wenn er seinen gewöhnlichen Aufenthalt später im Ausland nimmt, mit der Verlegung des gewöhnlichen Aufenthalts ins Ausland.

§ 12

Die Verordnung gilt auch im Protektorat Böhmen und Mähren und in den eingegliederten Ostgebieten.

§ 13

Die zur Ergänzung und Durchführung erforderlichen Bestimmungen erläßt der Reichsminister des Innern im Einvernehmen mit dem Leiter der Partei-Kanzlei und den sonst beteiligten Reichsministern.

Berlin, den 25. November 1941.

Der Reichsminister des Innern
Frick

Der Leiter der Partei-Kanzlei
M. Bormann

Der Reichsminister der Finanzen
In Vertretung
Reinhardt

Der Reichsminister der Justiz
Mit der Führung der Geschäfte beauftragt:
Dr. Schlegelberger

Herausgegeben vom Reichsministerium des Innern — Verlag: Reichsverlagsamt — Druck: Reichsdruckerei

Auszug aus dem Reichsgesetzblatt vom 26. 11. 1941. Die »Elfte Verordnung zum Reichsbürgergesetz« raubte den deutschen Juden im Ausland die Staatsangehörigkeit und erklärte sie für staatenlos. Besondere Beachtung verdient der Absatz (2) des § 3: das eingezogene jüdische Vermögen mußte der »Lösung der Judenfrage« dienen, das hieß damals schon: der Vernichtung der europäischen Juden.

Am 31. 12. 1941 wandte sich Edith Stein an die Juristin Dr. Hilde Vérène Borsinger in der Schweiz mit der Bitte, ihr und ihrer Schwester Rosa bei der Einreise behilflich zu sein. Hilde Vérène Borsinger (geboren 31. 5. 1897 Baden/Aargau) lebte damals in Bern (Edith Stein kannte nicht einmal ihre private Anschrift, wie der Brief beweist). Die Briefzensur durch die deutsche Besatzungsmacht erschwerte zusätzlich die Korrespondenz. Frau Borsinger hatte 1930 ihre Doktorarbeit in Zürich eingereicht mit dem Thema »Die Rechtsstellung der Frau in der katholischen Kirche«. Später war sie Richterin in Basel, zugleich Mitglied mehrerer nationaler und internationaler Gremien, z. B. bei der UNESCO. Edith Stein lernte sie durch Vermittlung von Prof. Dr. Erich Przywara SJ kennen. – Hilde Vérène Borsinger starb am 21. 1. 1986 in Luzern. Ihr Nachlaß, soweit er Edith Stein betrifft, befindet sich im Archiv des Kölner Karmels.

123

Fribourg (Suisse), le 28 janvier 1942.

Mademoiselle Hildegard Borsinger
Schriftleitung der "Kathol.Schweizerin"

Einsiedeln

Mademoiselle,

Voici la lettre que la Mère Prieure du Carmel du Pâquier me charge de vous transmettre. Elle accepte donc Soeur Thérèse Bénédicta, à condition qu'elle soit bien de l'ordre des Carmélites déchaussées cloîtrées, de la réforme de Sainte Thérèse, et non pas seulement une tertiaire ; car, dans ce cas, elle ne pourrait pas la recevoir.

Il paraît que, avec Soeur Thérèse-Bénédicta, il y en aurait une autre qui serait simplement une Soeur tourière. Celle-ci pourrait alors aller de préférence au Carmel de Seedorf, qui est un Carmel apostolique s'occupant d'enfants retardées.

Veuillez agréer, Mademoiselle, l'expression de mon respectueux dévouement.

+ Marius Besson.

Schreiben des zuständigen Bischofs von Fribourg, der die Zusage des Karmels von Le Pâquier für Edith Stein übermittelt. Das Kloster war bereits überfüllt und hatte mehrere Kandidatinnen nach Frankreich verweisen müssen. So war es nicht in der Lage, auch Rosa noch Wohnung zu bieten. Das empfohlene Kloster in Seedorf gab sofort für sie eine Zusage.

124

»Die Schweiz«, schrieb Edith Stein wenige Tage vor ihrer Verhaftung an eine Bekannte, »will meiner Schwester und mir die Tore öffnen, da das einzige Klausurkloster unseres Ordens dort im Land – Le Pâquier, Kanton Fribourg – mich aufnehmen will, und ein Karmelitinnenkloster III. Ordens, eine Stunde davon entfernt, meine Schwester. Die beiden Häuser haben sich der Fremdenpolizei gegenüber verpflichtet, lebenslang für uns zu sorgen. Es ist aber noch sehr die Frage, ob wir hier die Erlaubnis zur Ausreise bekommen. Jedenfalls dürfte es sehr lange dauern. Ich wäre nicht traurig, wenn sie nicht käme. Es ist ja keine Kleinigkeit, zum zweiten Male eine liebe klösterliche Familie zu verlassen. Aber ich nehme es, wie Gott es fügt« (IX, 339). Das war Ediths letzte Mitteilung aus dem Echter Karmel. Sie hat nicht erfahren, daß die Eidgenössische Fremdenpolizei letztendlich die Einreise verweigert hat. – Original des Schreibens im Kölner Karmel; die Anstreichungen sind von Dr. Borsinger.

Eidgenössische Fremdenpolizei
Emigrantenbureau

Police fédérale des étrangers
Bureau des émigrants

Polizia federale degli stranieri
Ufficio profughi

No. 859800 GB
Bitte in der Antwort angeben
A indiquer dans la réponse
Pregasi ripeterlo nella risposta

Mademoiselle Hilde Borsinger,
Jubiläumstrasse 97,
B e r n e .

Mademoiselle,

Nous avons l'honneur de vous informer que nous venons de refuser l'autorisation d'entrée en Suisse à Mlle Edith S t e i n (Sr Teresia Benedicta) ainsi qu'à sa soeur Resa, ressortissantes allemandes, actuellement en Hollande.

Votre demande du 12 février 1942 a été l'objet d'un examen approfondi de notre part, ainsi que de la part de l'autorité cantonale fribourgeoise. Ainsi qu'il vous l'a été assuré lors de votre entretien téléphonique du 27 juillet écoulé avec M. Dr Bianchi, nous avons procédé à l'examen de ce cas avec une grande bienveillance.

Cependant nous avons dû constater qu'une autorisation d'entrée en faveur de Mlle Edith Stein ne se justifie pas suffisamment. L'âge de l'intéressée est très inférieur à la limite d'âge qui fait état dans les cas analogues; Mlle Stein n'est jamais venue en Suisse auparavant; elle n'a aucune relation de parenté dans notre pays. Si nous autorisions son entrée dans ces conditions, nous créerions donc un dangereux précédent, car nous ne pourrions plus refuser la même autorisation à beaucoup d'autres requérants qui sont dans une situation semblable. Quant à Mlle Resa Stein, nous ne pouvons pas l'autoriser à entrer en Suisse vu que le canton intéressé s'oppose à sa venue.

Nous regrettons donc de ne pas pouvoir donner une suite favorable à la demande que vous nous avez présentée le 12 février 1942 en faveur de ces deux personnes.

Veuillez agréer, Mademoiselle, l'assurance de notre considération distinguée.

Police fédérale des étrangers
BUREAU DES EMIGRANTS

349/47082   Telephon 2.03.83 & 61 — Telegrammadr. / Adresse télégr. / Indirizzo telegr.: Eidgenössische Fremdenpolizei

125

Leben eines freien Staates; sie hat vermutlich die Situation der Schwestern Stein besser erfaßt als diese selbst. Sie leitete sofort Verhandlungen mit der Schweizerischen Fremdenpolizei ein. Die Schweiz war gegen derartige Gesuche dicht abgeschlossen. Die Schwierigkeiten nahmen kein Ende, zumal wegen der entschiedenen Weigerung Edith Steins, ohne ihre Schwester auszureisen. Es war daran gedacht, Edith im Karmel Le Pâquier unterzubringen und Rosa im Kloster der Tertiarkarmelitinnen in Seedorf. Beide Häuser sagten schnell zu, die Gefährdeten aufzunehmen. Der endgültige Bescheid der Fremdenpolizei traf erst ein, als Edith und Rosa schon auf der Fahrt in ihr Schicksal waren: Er fiel negativ aus.

Während in der Schweiz die Bemühungen für Edith und Rosa liefen, spitzte sich in den Niederlanden die Lage immer mehr zu. In den ersten Januartagen sandte Edith Stein ein Gesuch ab, »uns weiteres Verbleiben im Echter Karmel zu gestatten und uns aus den Emigrantenlisten zu streichen« (IX, 337). Vermutlich war dieses Gesuch an den Befehlshaber der Sicherheitspolizei, Außenstelle Maastricht, gerichtet. Denn in einem späteren Brief heißt es: »Ende Januar (1942) mußten wir in unserer Angelegenheit nach Maastricht und Ende März nach Amsterdam« (IX, 337). Es wird sich nicht mehr klären lassen, um was genau es bei der Maastrichter Vorladung ging. Für die Erforschung kommt erschwerend hinzu, daß die verschiedenen Instanzen der deutschen Machthaber – Mi-

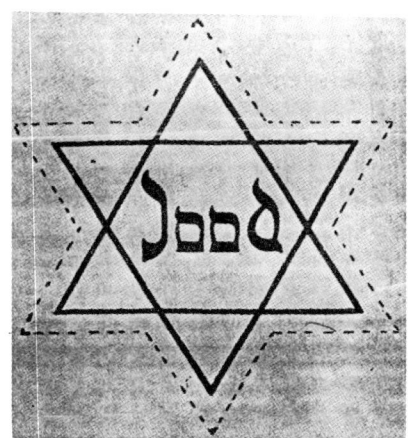

Am 29. 4. 1942 wurde in den Niederlanden die Kennzeichnung durch den »Judenstern« eingeführt (im Deutschen Reich geschah das schon am 1. 9. 1941), Edith und Rosa Stein mußten das Kennzeichen in Maastricht kaufen. Sie trafen dort auf einen wohlwollenden Beamten, der aus Köln stammte. Dieser erzählte ihnen, daß am 28. 4. die ehemalige Karmelitinnenkirche »Maria vom Frieden« bei einem Fliegerangriff ausgebrannt sei und daß auch das Gnadenbild der »Friedenskönigin« vernichtet wurde.

litär, Zivilverwaltung, Partei, Gestapo – häufig gegeneinander arbeiteten.

Besser sind wir über die Vorladung nach Amsterdam unterrichtet. Die von Edith im Brief vom 31. 12. erwähnte Meldung zur Emigration erfolgte zunächst schriftlich. Diese Anmeldung wurde durch ein Formular bestätigt mit dem Hinweis, »daß zur Stellung des förmlichen Antrags noch besonders aufgerufen wird und daß diesem Aufruf Folge geleistet werden muß«.

126

JOODSCHE RAAD VOOR AMSTERDAM

Nw. KEIZERSGRACHT 58
AMSTERDAM-C.

AMSTERDAM, 29 April 1942

L. S.

Van a.s. Zondag af zal door iederen Jood de z.g. „Joden-ster" moeten worden gedragen.

De Joodsche Raad reikt deze kenteekenen uit.

Per persoon zijn **voorloopig** maximaal vier sterren verkrijg-baar. Eén textielpunt moet per vier sterren of gedeelten daarvan worden ingeleverd. De prijs per ster is vier cent.

De sterren zijn verkrijgbaar bij de hieronder afgedrukte adressen.

De ster moet zoodanig worden ingeknipt en ingevouwen, dat de zespuntige ster, met inbegrip van de stippellijn, zichtbaar op het kleedingstuk wordt gedragen.

De plaats, waar het kenteeken moet worden gedragen, is in de dagbladpers aangegeven.

Hoogachtend,

JOODSCHE RAAD VOOR AMSTERDAM:

A. ASSCHER
Prof. Dr. D. COHEN
} Voorzitters

De verkoop vindt plaats:

Donderdag 30 April van 12 uur v.m. tot 9 uur n.m.
Vrijdag   1 Mei   van 9 uur v.m. tot 6 uur n.m.
Zondag   3 Mei   van 9 uur v.m. tot 1 uur n.m.

N.B. De verkoop vindt uitsluitend plaats op vertoon van Uw persoonsbewijs voorzien van een J.

Die »Judenräte« wurden von den deutschen Behörden in den besetzten Gebieten eingerichtet; sie bestanden aus Mitgliedern der jüdischen Gemeinden. Anfangs übernahmen sie die Aufgabe, Hilfe für arbeits- und wohnungslose Juden zu organisieren. Der Judenrat wurde bald zu antijüdischen Maßnahmen erpreßt, z. B. zur Verteilung der am 29. 4. 1942 in den Niederlanden eingeführten »Judensterne«. Edith Stein empfand die Bürostellen des Joodschen Raads als wohlwollend. Einer der Zwecke ihrer Errichtung war wohl auch die Beschwichtigung der jüdischen Bevölkerung.

127

Unter ihren Schicksalsgefährtinnen in Amsterdam traf Edith Stein langjährige Bekannte, so auch Alice Reis, die damals in Almelo (Kloster der Schwestern vom Guten Hirten) arbeitete. Alice wurde am 17. 9. 1903 in Berlin geboren. Sie war in Darmstadt berufstätig (bei einer Versicherungsanstalt) und erhielt dort Konvertitenunterricht durch Prof. Dr. Alfred Schüler. Getauft wurde sie am 27. 12. 1930 in Beuron, wo Edith Stein ihre Patin war. »Für Beuron steht mir als besondere Freude die Taufe einer Jüdin in Aussicht«, schreibt Edith Stein am 20. 12. 1930. – Beider Namen sind im Taufbuch der Abtei Beuron (Konversionsbuch) eingetragen. Die Taufe vollzog P. Gotthard Klocken OSB. – Alice starb in Auschwitz am 9. 8. 1942.

Dieses Papier aus dem Nachlaß von Alice Reis bezieht sich auf die von Edith Stein im Brief vom 31. 12. erwähnten Verordnungen: Verlust der deutschen Staatsangehörigkeit und Anmeldepflicht der Juden aus dem Ausland. Der im Schreiben erwähnte »beiliegende Abdruck« und die als Anlage genannte »Bestätigung« sind nicht mehr vorhanden. Wohl aber fand sich ein Exemplar dieser Bestätigung unter den Papieren von Ruth Kantorowicz. Auch diese war mit Edith Stein seit vielen Jahren befreundet. Noch in den Niederlanden hat sie fast alle Manuskripte Ediths in Maschinenschrift übertragen.

Sehr geehrtes Fräulein Reis,

Wir erhielten Ihr Schreiben vom 16. ds.Mts. und teilen Ihnen mit, dass alle deutschen Juden im Ausland staatenlos erklärt worden sind.

Aus beiliegendem Abdruck ersehen Sie, dass sich jeder nicht-holländische Jude registrieren lassen muss. Die Bestätigung Ihrer Registrierung senden wir Ihnen anbei.

Sie werden noch vorgeladen zu einer Besprechung und werden dann Gelegenheit haben, Ihre Fragen weiter zu behandeln.

Hochachtungsvoll
JOODSCHE RAAD VOOR AMSTERDAM
Afd. Emigratie (Registratie).

Anlage: Bestätigung.

128

JOODSCHE RAAD VOOR AMSTERDAM

AFDEELING ONDERSTEUNING EN MAATSCHAPPELIJK WERK

AMSTERDAM-C., 19 Januari 1942
LIJNBAANSGRACHT 366
TELEFOON 49906 49813 45390 45890 44575 49903 49902

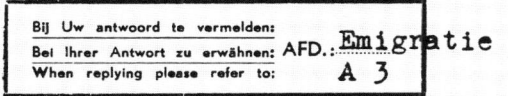

Bij Uw antwoord te vermelden:
Bei Ihrer Antwort zu erwähnen: AFD.: Emigratie
When replying please refer to: A 3

Mej. Dr.A.M.Reis
Vriezenveenscheweg 140
A l m e l o

Geachte Mejuffrouw Reis,

Onder referte aan Uw schrijven d.d.
13 dezer, deelen wij U mede, dat wij U binnenkort de
vragenlijsten zullen doen toekomen.

Hoogachtend

Ra/ST

JOODSCHE RAAD VOOR AMSTERDAM
EMIGRATIE - AFDEELING

Dieser von Alice Reis angeforderte Fragebogen enthielt Angaben über das für die »Emigration« erlaubte Reisegepäck. Edith Stein schreibt am 22. 1. 1942 an eine befreundete Dame in Echt: »Liebe Maria, nach Ihrem Wunsch habe ich alles aufgeschrieben, was mitzunehmen erlaubt ist, soweit wir es nicht im Hause haben. Was Sie nicht geben können, dafür will unsere liebe Mutter (Priorin) dann sorgen. Weil im Fragebogen für jeden Gegenstand auch der Wert angegeben werden muß, möchte ich Sie bitten, überall den Preis anzugeben ... Für alle Güte innigsten Dank ...« (IX, 332).

129

Het Hoofd van plaatselijke politie te Bloemendaal vordert, dat *Reis* *Alice Maria* .... geboren te *Berlijn* .... den *14-9-1903* ... wonende te Bloemendaal, *Kromme-* *laan 3.* .... vóór negen September 1940 de gemeente Bloemendaal verlaat en daarin tot nader bericht niet terugkeert.

Het is hem verboden zich te begeven naar/of zich te bevinden in één der volgende gemeenten:

Warffum (alleen Rottumeroog),Schiermonnikoog, Ameland, Terschelling, Vlieland, Texel, Den Helder, Anna Paulowna, Callantsoog, Wieringerwaard, Zijpe, Barsingerhorn, Schagen, St.Maarten, Harenkarspel, Oude Niedorp, Warmenhuizen, Schoorl, Oudkarspel, Noord Scharwoude, Zuid Scharwoude, Koedijk, Broek

dorpe, Koewacht, Axel, Zaamslag, St. Jansteen, Vogelwaarde, Hontenisse, Hulst, Clinge, Graauw, Langendam,Driewegen,Ellewoutsdijk,Oudelande,Baarland, Nisse en Hoedekenskerke.

Een niet-arische vreemdeling(e) mag zich evenmin begeven naar of zich bevinden in Amsterdam, Nieuwer Amstel, Ouder Amstel, Diemen, Weesp, Landsmeer, Oostzaan en Zaandam.

Bloemendaal, 5 September 1940.
Het Hoofd van plaatselijke politie te Bloemendaal,

N.B. U moet zich bij aankomst in de gemeente waarheen U vertrekt, binnen 24 uur bij de politie aldaar melden.

Auch dieses Papier befindet sich im Nachlaß von Alice Reis. Es zeigt, daß die deutschen Besatzungsbehörden schon im vierten Monat nach der Kapitulation der Niederlande mit der Umsiedlung der jüdischen Bürger begannen. Das Papier ist hier gekürzt wiedergegeben. Zwischen den Fragmenten befinden sich im Original weitere 44 Zeilen Maschinenschrift mit mehr als 250 Ortsnamen.

Diese Vorladung erfolgte Ende März 1942. Edith und Rosa Stein waren einige Tage in Amsterdam und wohnten in dieser Zeit bei den Schwestern der Kongregation von Jesus-Maria-Josef im Leokloster in der Spaarndammerstraat. Eine junge Frau (Annie Wilke), Freundin einer Echter Postulantin, begleitete furchtlos die beiden Jüdinnen von Büro zu Büro. Sie waren zunächst bestellt beim Joodsche Raad, Abteilung für Registratur und Emigration nichtniederländischer Juden in der Lijnbaansgracht und dann zur SS-geleiteten »Zentralstelle für jüdische Auswanderung« in der Euterpestraat. Die Vorgeladenen mußten Stunde um Stunde warten, Fragebögen ausfüllen, Rede und Antwort stehen. Niemand wußte, wozu das alles dienen solle. In Wirklichkeit waren es Tarnmaßnahmen: Die Juden sollten bürokratisch dingfest gemacht und für die Deportation greifbar werden.

Wir wissen nicht, wie weit Edith Stein dieses tödliche Spiel durchschaute. Daß die Deportationen nicht dem Arbeitseinsatz – wie behauptet wurde – dienten, sondern der physischen Vernichtung, haben die meisten Juden wohl nicht mit Sicherheit gewußt. Aber alle ahnten,

130

daß sie die Maßnahmen mit hoher Wahrscheinlichkeit nicht überleben würden. In der jüdischen Bevölkerung drohte allenthalben Panik; ihre Äußerungen wurden mit brutaler Gewalt niedergehalten.

Im Echter Karmel wußte niemand, daß in Berlin inzwischen die »Wannsee-Konferenz« stattgefunden hatte. Dies war ein Treffen von Vertretern der wichtigsten Reichsministerien in einer Villa Am Großen Wannsee 56–58. Zu ihm hatte der Leiter des Reichssicherheitshauptamtes (RSHA) Reinhard Heydrich eingeladen, bevollmächtigt durch Hermann Göring; die Protokolle unterstanden Adolf Eichmann. An diesem 20. Januar 1942 war mit den Beteiligten die praktische Durchführung der »Endlösung« der »Judenfrage« besprochen worden. Die Entscheidung dazu hatte Hitler schon im Sommer 1941 getroffen: Ausrottung aller europäischen Juden durch systematischen Massenmord. Hatte man zuvor versucht, die Juden zur Auswanderung zu zwingen, so wurden nunmehr alle Ausreisen jüdischer Bürger durch den Erlaß des Reichsführers-SS Heinrich Himmler vom 3. Januar 1942 drastisch unterbunden.

In Amsterdam erhielt Edith Stein dementsprechend den Bescheid, »daß vor Kriegsende an Auswanderung nicht zu denken sei« (IX, 337). Zwei Tage vorher hatte sie nach Speyer geschrieben: »Wir überlassen alles vertrauensvoll der Vorsehung und gehen ruhig unseren Pflichten nach« (IX, 335).

Die täglichen Pflichten hatten sich seit einiger Zeit für Edith Stein verändert. Im Herbst 1940 erhielt der Echter Karmel in Mutter Antonia vom Hl. Geist (Engelmann) eine neue Priorin, die wünschte, daß Edith sich wieder wissenschaftlich betätigte. Für Juni 1942 stand die Feier des 400. Geburtstags des hl. Johannes vom Kreuz bevor, und so erhielt Edith den Auftrag zu ihrem Werk der »Kreuzeswissenschaft«. Vielleicht hatte Mutter Antonia bei ihrem Auftrag noch eine Nebenabsicht. Sie wünschte für Edith Stein und den ganzen Konvent die ständigen Aufregungen zu mildern, die durch die zermürbende Besatzungs- und Verfolgungssituation unvermeidlich waren.

Es war ein guter Gedanke, Edith in dieser schweren Zeit eine Aufgabe zu geben, die sie ganz ausfüllte. »Durch die Arbeit, die ich vorhabe«, schreibt Edith im November 1941, »lebe ich fast beständig im Gedanken an den hl. Vater Johannes. Das ist eine große Gnade« (IX, 328). Edith beabsichtigte keine Lebensbeschreibung des Heiligen, keine allseitige Darstellung seiner Lehre, sondern es »wird eine Deutung versucht, und in diesen Deutungsversuchen macht sich geltend, was die Verfasserin in einem lebenslangen Bemühen von den Gesetzen geistigen Seins und Lebens erfaßt zu haben glaubt« (I, 1).

Das Los der katholischen Juden in den Niederlanden hatte eine bemerkenswerte Vorgeschichte. Die christlichen Kirchen hatten ein Gremium gebildet, um ihre Haltung gegenüber der deutschen Besatzungsmacht miteinander

DER BEFEHLSHABER
DER SICHERHEITSPOLIZEI UND DES SD
FÜR DIE BESETZTEN NIEDERLÄNDISCHEN GEBIETE

Den Haag, den 30.7.42.

Betr.: Evakuierung der christlich getauften Juden.

I. Am 27.7. fand beim Reichskommissar eine Besprechung statt, an der
teilnahmen:
  Reichskommissar,
  ᛋ-Gruf. Rauter,
  Generalkommissar Schmidt,
  Generalkommissar Wimmer,
  BdS.
Der Reichskommissar hat folgende Anordnungen getroffen:

1.) Durch den BdS so schnell wie möglich feststellen, in welchen
    evangelischen Kirchen die Kanzelabkündigung mit dem Reichskommissar-
    Telegramm verlesen worden ist,

2.) Da die katholischen Bischöfe sich -ohne beteiligt zu sein- in
    die Angelegenheit gemischt haben, werden nunmehr die sämtlichen
    katholischen Juden noch in dieser Woche abgeschoten. Interventio-
    nen sollen nicht berücksichtigt werden. Generalkommissar Schmidt
    wird am Sonntag, den 2.8.42, in einer Parteiveranstaltung in
    Limburg die öffentliche Antwort an die Bischöfe geben.

3.) Für den Fall, dass auch die überwiegende Zahl der evangelischen
    Kirchen das Reichskommissar-Telegramm mit verlesen haben, werden
    auch die evangelischen Juden abtransportiert. Zu diesem Zweck
    sind die Listen vorzubereiten.

4.) Trotzdem nach Mitteilung von Generalkommissar Wimmer sämtliche
    Ehen von Juden mit nichtjüdischen Partnern verboten sind, erscheint
    es darüber hinaus noch erforderlich, sie auch anmeldepflichtig
    bei deutschen Dienststellen zu machen. Generalkommissar Wimmer
    wird das weitere veranlassen.

5.) Auf meinen Vorschlag soll in Erwägung gezogen werden, dass irgend-
    welche grosse karitative Einrichtungen der Kirchen verstaatlicht
    werden. Von Generalkommissar Schmidt wurde hierbei auf die grossen
    katholischen Krankenhäuser in Groningen hingewiesen.

II. IV B 1 und IV B 4 .   gez. Dr. Harster.

                         F.d.R.
                       Dortenbog.

*Protokoll der von den deutschen Machthabern nach Den
Haag einberufenen Konferenz, die sich mit dem Rundschreiben der niederländischen Bischöfe befaßt; sie fand
am Tag nach der Verlesung des Hirtenbriefes statt und
bedeutete das Todesurteil für katholisch getaufte Juden.*

132

Der Befehlshaber
der Sicherheitspolizei u.d. SD   Maastricht, den 2.8.1942.
für die bes. niederl. Gebiete

- Aussenstelle Maastricht -

- XV D -

An das
polizeiliche Durchgangslager

A m e r s f o o r t .

Betrifft: Festnahme von Juden mit kath. Religion.
Vorgang: FS. Nr. 4433 von Z.f.J.A. vom 2.8.42,
         FS. Nr. 4438 von Z.f.J.A. vom 2.8.42,
         Dort. FS B.d.S. Nr. 19333 vom 2.8.42.
Anlagen: 1 Liste.

Gemäss den letzten Fernschreiben des B.d.S. Nr. 19333
wurden heute durch ein Kommando der Ordnungspolizei
die aus der hiesigen Provinz insgesamt

                          30
                       . . . .

festgenommenen Juden dem dortigen Lager überstellt.

                              Der Aussenstellenleiter:

                              SS-Hauptsturmführer.

*Vollzugsmeldung über die Verhaftungsaktion
am 2. August 1942.*

abzusprechen. Drei Abgeordnete dieses Gremiums, zu dem auch der Vertreter der römisch-katholischen Kirche gehörte, wurden am 17. Februar 1942 beim Reichskommissar Seyß-Inquart vorstellig, um gegen das Aufdrängen der nationalsozialistischen Weltanschauung, gegen die willkürlichen Verhaftungen, Verurteilungen und Verschleppungen energisch zu protestieren. Am 10. Juli erfuhren die Bischöfe von bevorstehenden Massendeportationen jüdischer Mitbürger. In einem Telegramm an die deutschen Machthaber forderten sie dringend eine Rücknahme der geplanten Aktionen. Zum Erstaunen der Kirchenvertreter kam diesmal eine Antwort: Der für kirchliche Angelegenheiten zuständige Generalkommissar Fritz Schmidt teilte mit, daß alle vor dem 1. Januar 1941 getauften Juden von den Deportationen ausgenommen werden sollten. Keine der christlichen Gemeinschaften hatte eine solche Ausnahme erbeten. In den Niederlanden lebten weit über 100 000 Juden, darunter lediglich eine Minderheit von getauften, nur ca. 700 katholische Juden. Von ihnen waren die meisten damals noch nicht gefährdet, da sie in Ehen mit »arischen« Partnern lebten.

Es ging den Kirchen aber durchaus um alle, nicht nur die getauften Juden. Daher beschlossen sie, am Sonntag, dem 26. Juli 1942, einen Hirtenbrief zur Verlesung zu bringen, in dem die Haltung der Kirchen in aller Öffentlichkeit dargelegt werden sollte. Das Rundschreiben wurde am 23. Juli zur Post gegeben und war am nächsten Tag bereits der deutschen Besatzungsbehörde bekannt. Die Kanzelverkündigung enthielt u. a. auch den Wortlaut des Telegramms vom 11. Juli. Daraufhin ging den Kirchen die Weisung zu, die Verlesung dieses Telegramms zu unterlassen. Trotz ihrer Bedenken gingen die meisten der evangelischen Gemeinschaften darauf ein. Die katholischen Bischöfe, unter dem Vorsitz des Erzbischofs von Utrecht, Jan Kardinal De Jong, konnten sich, aus grundsätzlichen Erwägungen heraus, dazu nicht entschließen. Der Text des gesamten Hirtenbriefes war eindeutig und schloß mit einem Gebet »für das bedrängte Volk Israel«. Schon am folgenden Tag – Montag, den 27. Juli – berief Reichskommissar Seyß-Inquart eine Besprechung ein, worin er die Freistellung der katholischen Juden rückgängig machte. Am darauffolgenden Sonntag, dem 2. August, wurden die Außenstellen der Sicherheitspolizei durch Telegramm der Zentralstelle für jüdische Auswanderung in Amsterdam angewiesen, alle katholisch getauften Juden zu verhaften. Die Verordnung 6/1941 bot ihnen dazu die Unterlagen durch die Meldelisten, auf der getaufte Juden besondere Eintragungen zu machen hatten.

Im Echter Karmel ahnte man nichts von der neuerlichen Gefahr, hatte man doch durch Bischof Lemmens von Roermond die Nachricht von der Freistellung der getauften Juden erhalten. Kurz nach 17 Uhr wurden Edith und Rosa Stein von der Gestapo abgeholt. Die Beamten drängten zu größter Eile. Trotzdem hatten sich

Diese Liste umfaßt im Original 33 Namen von Juden/Jüdinnen, die durch die Maastrichter Sicherheitspolizei verhaftet wurden. Aus Raumgründen wird die Liste hier gekürzt wiedergegeben. Genannt werden außer den Namen von Edith und Rosa Stein (Nr. 23 und Nr. 24) einige Häftlinge, die mit den Schwestern Stein in engerer Beziehung standen. Es sind dies die Ordensfrauen Sr. Mirjam Michaelis (Josefsschwester aus dem Mutterhaus in Trier, damals untergebracht bei den Franziskanerinnen in Marienwaard) und Sr. Aloysia Löwenfels (aus der Kongregation der Armen Dienstmägde Jesu Christi, Mutterhaus Dernbach, die in Lutterade stationiert waren). Außerdem befinden sich auf dieser Liste die Namen der beiden jungen Mädchen aus dem Ursulinenkloster in Echt, Annemarie und Elfriede Goldschmidt, und schließlich Dr. Ruth Kantorowicz, die in Venlo bei den Ursulinen lebte und dort verhaftet wurde. Nahe befreundet mit Edith Stein war auch Alice Reis, deren Taufpatin sie war. Ihr Name erscheint auf einer Liste der von der Tilburger Polizei Verhafteten; auf dieser Liste befinden sich auch die Namen der Trappistengeschwister Loeb und des Franziskanerbruders Wolfgang Rosenbaum, ebenso der der Ärztin Dr. Lisamaria Meirowsky und Sr. Charitas Bock.

Maastricht, den 2. August 1942.

L i s t e !

1. **Elsa** Sara **M i c h a e l i s ,** geb. 31.3.1889 in Berlin, wohnhaft Meerssen/Limmel, Kloster "Marienwaard" Nr. 23. Beruf: Klosterschwester, Deutsche.

2. **Luise L ö w e n f e l s ,** geb. 5.7.1915 in Trabelsdorf, Klosterschwester, wohnhaft Geleen, Geenstr. 30, Deutsche. Kloster "St. Josef".

23. **Edith** Theresia Hedwig **S t e i n ,** (Klostername Schwester Theresia Benedikter vom Kreuz.) geb. 21.10.91 in Breslau wohnhaft in Echt, Bovenstestraat 48. (Staatenlos fr. RD.)

24. **Rosa** Maria Agnes Adelheid **S t e i n ,** Pförtnerin im Kloster der Charmeliterinnen zu Echt, geb. 13.12.83 in Lublinitz, wohnhaft Echt.Bovenstestraat 48. (Staatenlos fr. RD.)

31. **Ruth,** Renate, Friederike, **K a n t o r o w i c z ,** ohne Beruf, geb. 7.1.01 in Hamburg, ledig, wohnhaft in Venlo, Nieuwstraat 35. Staatenlos, fr. RD.

32. **Annemarie,** Louise **G o l d s c h m i d t,** ohne Beruf, geb., am 31.1.22 in München, wohnhaft in Echt, Kloster Konningsbosch, Breberderweg W 119, Staatenlos, fr. RD. (Hausmädchen.)

33. **Elfriede,** Karoline, Sara **G o l d s c h m i d t ,** ohne Beruf, am 4.8.23 in München geb., wohnhaft in Echt, Kloster Konningsbosch, Breberderweg W 119, Staatenlos, fr. RD. (Hausmädchen) Schwester von 32.

134

Die in vorstehendem Schriftstück als Anlage genannte Liste umfaßt 33 Namen. Drei der Häftlinge wurden wieder freigelassen. Sie wurden ...

in Abzug gebracht, sodass 30 Juden

durch das Kommando der Ordnungspolizei heute dem Lager Amersfoort zugeführt wurden.

Maastricht, 2.8.1942

SS-Hauptsturmführer

Pol.Oberwachtmeister

VERBLIJFSVERGUNNING aan:

Naam: S t e i n .

Voornamen: Edith Teresia Hedwig.

Geboortedatum: 12 October 1891.

Geboorteplaats: Breslau(D).

van: 3 Februari 1942 (twee en veertig).

tot: 3 Augustus 1942 (twee en veertig).

Echt, 3 Februari 1942.

Het hoofd van politie te Echt, dat hiermede verklaart, dat houder dezes niet in het bezit is van eenig buitenlandsch identiteitspapier en dit ook niet kan bekomen.

stempel

(Handteekening)

Opnieuw verblijfsvergunning verleend tot:
.... 19.... (..........)
.... 19
Het hoofd van politie,

Opnieuw verblijfsvergunning verleend tot:
.... 19.... (..........)
.... 19
Het hoofd van politie,

Handteekening van den houder 15059

Opnieuw verblijfsvergunning verleend tot:
.... 19.... (..........)
.... 19
Het hoofd van politie,

Opnieuw verblijfsvergunning verleend tot:
.... 19.... (..........)
.... 19
Het hoofd van politie,

Deze ruimte niet beschrijven	Afdruk rechter wijsvinger

Alle verblijfsvergunningen worden verleend behoudens eerdere intrekking.

Letzte Aufenthaltserlaubnis für Edith Stein. Es ist nicht mehr festzustellen, wann und durch wen das Papier für ungültig (»onbruikbaar«) erklärt wurde.

135

Innenhof des Karmels Echt zur Zeit Edith Steins. Die beiden Fenster rechts unten gehören zum Schwesternchor, in dem sich Edith zur Betrachtungsstunde eingefunden hatte, als die Gestapo sie abholte. Die Mutter Priorin rief sie vom Hof her durch das geöffnete Fenster rechts leise aus dem Chor. »Bitte beten, Schwestern«, sagte Edith Stein, als sie den Raum verließ.

auf der Straße erregte Menschen eingefunden. Beim Abschied vom Karmel hat Edith zu ihrer Schwester die Worte gesprochen: »Komm, wir gehen für unser Volk!« Diese Worte sind gut bezeugt. Nicht so klar aber ist ihre Bedeutung. Oft werden sie auf das jüdische Volk bezogen, hatte doch Edith Stein die Schicksalsgemeinschaft mit dem jüdischen Volk nie aufgeben wollen. Schon beim Beginn der Judenverfolgungen hatte sie sich gesagt: » ... daß das Schicksal dieses Volkes auch das meine war« (BI 14). Sehr gut bezeugt sind aber auch Fragen, die Edith gegen Ende ihres Lebens oft ausgesprochen hat: »Wer wird einmal sühnen für das, was dem jüdischen Volk im Namen des deutschen Volkes angetan wird? – Wer wird diese entsetzliche Schuld wenden zum Segen für beide Völker?« (Aussage von Prof. Dr. Hans Hirschmann SJ, * 16. Mai 1908 in Püttlingen/Saar, † 8. Februar 1981 in Duisburg). Wir dürfen hoffen, daß Edith Stein auch fürbittend für unser deutsches Volk ihren Weg gegangen ist.

An diesem Sonntag, – am 2. August – wurden die Verhafteten aus den südlichen Niederlanden nach Roermond verbracht – zu ihnen gehörten die Schwestern Stein, die beiden jungen Mädchen Goldschmidt aus Koningsbosch und Dr. Ruth Kantorowicz aus Venlo. Von dort ging die Fahrt in überdeckten Lastwagen zum »Polizeilichen Durchgangslager« Amersfoort. Unterwegs verfehlten die Fahrer in den verdunkelten Straßen den Weg und kamen daher erst

136

in der Nacht an. Die aus dem Norden des Landes zusammegeholten Häftlinge befanden sich schon in einer Sonderbaracke. Dort verbrachte die ganze Gruppe den Montag. Durch Vermittlung des Judenrates konnten die Gefangenen in Amersfoort Telegramme aufgeben und von den Daheimgebliebenen Nötiges erbitten. Das Telegramm Edith Steins traf im Echter Karmel am Nachmittag des Mittwoch (5. 8. 1942) ein.

In der Nacht vom Montag auf Dienstag wurden die Häftlinge wieder auf Lastwagen zum Bahnhof Amersfoort gebracht und von da mit Zügen – Personenzügen, deren Fenster verhüllt waren – in das Sammellager Westerbork, Bahnstation Hooghalen, »überstellt«; dann folgte noch ein Fußmarsch von ca. einer Stunde bis zum Kamp. In der Nacht von Dienstag auf Mittwoch traf man dort ein.

Inzwischen versuchte Mutter Antonia in Echt, Boten für Westerbork zu finden; die beiden jungen Männer Piet van Kampen und Pierre Cuypers erklärten sich zu der Fahrt bereit. Die Schwestern hatten an Decken, Kleidern, Wäsche und vielem anderen eingepackt, was die Männer nur tragen konnten. Die beiden brachen am folgenden Morgen – also am Donnerstag früh – auf und kamen am Nachmittag im Lager an. Unterwegs stießen sie auf die Boten aus Venlo, die zu Ruth Kantorowicz wollten; es waren die Herren Philips und Alois Schlütter. Alle durften längere Zeit mit den Häftlingen sprechen, auch alles Mitgebrachte abliefern. Diese vier jungen Männer gehören zu den

Zugschild von Auschwitz und Westerbork.
Text: WESTERBORK – AUSCHWITZ
AUSCHWITZ – WESTERBORK
KEINE WAGEN ABHÄNGEN ZUG MUSS
GESCHLOSSEN NACH WESTERBORK ZU-RÜCK

ganz wenigen Zeugen, die zuverlässige Aussagen über die letzten Tage Edith und Rosa Steins vor der endgültigen Deportation machen konnten. Sie stimmen überein in dem Eindruck, daß Edith von einer tiefen Ruhe und Gelassenheit erfüllt war.

In der folgenden Nacht wurde die Transportgruppe für Auschwitz zusammengestellt. In der ersten Frühe des Freitags – 7. August – setzte sich der Trupp zum Bahnhof Hooghalen in Bewegung. Der Zug fuhr über Schifferstadt in der Pfalz und wird sich dann nach Osten gewandt haben. Aller Wahrscheinlichkeit nach kam dieser Transport am Sonntag, dem 9. August, in Auschwitz an; die meisten Häftlinge wurden

sofort nach Birkenau weitergeleitet und dort getötet. Dieser Tag gilt amtlich als Todestag Edith Steins und ihrer Gefährtinnen.

Schon in Amersfoort hatte die Gruppe katholisch getaufter Juden die nähere Veranlassung für die unerwartete Verhaftung erfahren: das öffentliche Bischofswort des 26. Juli. Damals hatten manche Niederländer das Hirtenschreiben als nutzlos und gefährlich empfunden. Die inhaftierten Ordensfrauen dachten anders. Die Dominikaner-Tertiarin Dr. Lisamaria Meirowski sagt in ihrem letzten Brief – sie spricht zugleich für die mitgefangenen Schwestern (ausdrücklich nennt sie »die Karmelitin aus Echt«): »Ich gehe mit Mut und Vertrauen ...

Wir dürfen Zeugnis ablegen für Jesus und mit unseren Bischöfen zeugen für die Wahrheit.« Auch Edith Stein hat aus dem Lager in Westerbork noch einige Briefchen nach Echt schicken können. Sie erbittet für ihre Schwester Rosa »Kreuz und Rosenkranz«, für sie beide zwei Decken und warmes Unterzeug. Sie ist eine von Ungezählten geworden, namenlos wie sie alle. Etwas Kostbares fügt sie hinzu: sie erfahre nun, »wie man ganz von innen her leben kann«. Ganz im Innern ist sie eingegangen in das große Erlösungswerk Christi, das in allem Entsetzlichen verborgen liegt wie ein Saatkorn in tiefer Erde – bis Er wiederkommt, um alles zu vollenden in Seiner Herrlichkeit.

138

Verzeichnis der von Edith Stein in Köln und Echt verfaßten Schriften

Aufsatz: »Kreuzesliebe. Zum Fest des hl. Johannes vom Kreuz«. Unterschrieben: Dr. Edith Stein, später geändert in: Schw. Teresia Benedicta a Cruce, Köln-Lindenthal«. Zweck und genauer Zeitpunkt der Abhandlung sind unbekannt. Erstdruck in: ESW, Bd. XI, 121 ff.

Zwei Kleinschriften zur Einkleidung einer Novizin und zum Schleierfest einer Professe, Übersetzung aus dem Lateinischen, entstanden um 1934, erschienen im Selbstverlag des Karmel.

Rezension des Buches: Hieronymus Jaegen, Der Kampf um das höchste Gut. 5. Aufl., hrsg. von der Jaegen-Gesellschaft, Wiesbaden o. J. (1933). Eine Besprechung erschien in: Benediktinische Monatsschrift, 16. Jg. (1934), S. 70 f., unterzeichnet: Dr. Edith Stein.

Korrektur und Vervollständigung des Wörterverzeichnisses zu dem Werk »Des hl. Thomas v. Aquino Untersuchungen über die Wahrheit«. Der Faszikel hat zwei kurze Vorworte; das erste aus Münster vom 14. 11. 1932 ist unterzeichnet mit Edith Stein, das zweite aus Köln-Lindenthal vom 19. 9. 1934 mit Schwester Teresia Benedicta a Cruce O.C.D.; gedruckt ist das Heft in Breslau 1934.

Hagiographische Kleinschrift: Die hl. Teresia Margareta vom Herzen Jesu; unterzeichnet mit Schw. Teresia Benedicta a Cruce O.C.D. und gedruckt in Würzburg 1934 anläßlich der Heiligsprechung der Karmelitin aus Florenz.

Hagiographische Kleinschrift: Teresia von Jesus, von Schw. Teresia Benedicta a Cruce O.C.D., geschrieben zum Namenstag der Priorin im März 1934, gedruckt im Kanisius-Verlag, Konstanz 1934.

Die beiden letztgenannten biographischen Texte sind nachgedruckt in ESW, Bd. XI.

Ausführliche Rezensionen des 1., 25., 2. und 5. Bandes von »Die Deutsche Summa, vollst. ungekürzte deutsch-lateinische Thomasausgabe der Summa Theologica, hrsg. vom Kath. Akademikerverband, Salzburg 1934 ff. Die Rezensionen erschienen in »Die christliche Frau« (Münster) Hefte Aug.–Sept. 1934, Okt. 1934, Jan. 1935 und April 1935, alle unterzeichnet mit: Schw. Teresia Benedicta a Cruce O.C.D. Eine für diese Zeitschrift geschriebene Rezension des Bds. 29 wurde nicht gedruckt (weil Edith Stein nicht Mitglied der Reichsschrifttumskammer sein konnte); die Hs. befindet sich im Archiv des Kölner Karmel. Eine Besprechung des 27. Bds. erfolgte in der Zeitschrift »Die katholische Schweizerin«, Einsiedeln 1935/36, 23. Jg., Heft 10. Eine für diese Zeitschrift verfaßte Besprechung »Neue Übersetzungen scholastischer Werke«, darunter Bd. 4 der Deutschen Summa, ist nicht erschienen; die Hs. Edith Steins liegt im Archiv des Kölner Karmel.

Zwei kleine Artikel über »Neuere Werke über die hl. Teresia von Jesus« und »Sämtliche Werke der hl. Teresia von Jesus«, beide unterzeichnet Schw. Teresia Benedicta a Cruce OCD, erschienen in derselben Zeitschrift, im Heft 4 des 24. Jgs. und Heft 11 des 25. Jgs. Beide Abhandlungen sind nachgedruckt in ESW, Bd. 12, 188 ff.

Rezension des Buches: Wilhelm Neuß, Ein Priester unserer Zeit – Josef Stoffels, Weihbischof von Köln, Einsiedeln 1934. Besprechung in »Benediktinische Monatschrift« 17. Jg. (1935) unterzeichnet Schw. Teresia Benedicta a Cruce O.C.D. (Dr. Edith Stein).

Aufsatz: »Eine Meisterin der Erziehungs- und Bildungsarbeit – Teresia von Jesus« in: »Katholische Frauenbildung im deutschen Volke«, 48. Jg. Febr. 1935, unterzeichnet Schw. Teresia Benedicta a Cruce O.C.D. – Nachdruck in: ESW, Bd. XII.

Aufsatz »Über Geschichte und Geist des Karmel« in: Zu neuen Ufern, Sonntagsbeilage der Augsburger Postzeitung Nr. 13 vom 31. 3. 1935. Nachdruck in ESW, Bd. XI.

Aufsatz: »Das Gebet der Kirche« in: Ich lebe und ihr lebet – vom Strom des Lebens in der Kirche, hrsg. von der Akademischen Bonifatius-Vereinigung, Paderborn 1937, S. 69–84, auch als Separatum gedruckt: Nr. IV; unterzeichnet mit Schw. Teresia Benedicta a Cruce O.C.D. Nachdruck in ESW, Bd. XI.

Übersetzung aus dem Französischen: »Die selige Marie Acarie und der theresianische Karmel« und »Frère Jean du Saint-Samson«, aus: Henri Bremond, Bd. 2 der »Histoire littéraire du sentiment religieux en France ...«, 11 Bde. Paris 1916 ff. Die Handschrift Edith Steins umfaßt 361 + 70 Seiten. Das Kapitel über Jean du Saint-Samson blieb bisher unveröffentlicht; das über Marie Acarie erschien in dem Band »Henri Bremond, Heiligkeit und Theologie«, Auszüge aus den Bdn. 2 und 3 des genannten Bremondschen Werkes, hrsg. von Eduard Lange, Regensburg 1962.

Vom Mai 1935 bis zum Herbst 1936 arbeitete Edith Stein an der Umarbeitung ihrer früheren Arbeit über »Akt und Potenz«. Das neue Werk erschien unter dem Titel »Endliches und ewiges Sein – Versuch eines Aufstiegs zum Sinn des Seins« als Bd. II der Werke Edith Steins, Freiburg 1985 (3. Aufl.). Das Werk wurde gedruckt ohne die von Edith Stein ausgearbeiteten Anhänge über Heideggers »Sein und Zeit« und über die »Seelenburg« Teresas von Avila. Die Hss. befinden sich im Kölner Karmel.

Rezension: »Edmund Husserl, Die Krisis der europäischen Wissenschaft und die transcendentale Phänomenologie« in Bd. I der Zeitschrift »Philosophia«, Belgrad 1936. Edith Steins Text erschien in französischer Übersetzung in: »Revue Thomiste, St. Maximin (Var) Mai/Juni 1937, unterz. S. Teresia Benedicta a Cruce (Edith Stein) O.C.D. Deutscher Erstdruck in Bd. VI der Werke Edith Steins, Louvain und Freiburg 1962.

Aufsatz: »Eine deutsche Frau und große Karmelitin – Mutter Franziska v. d. unendl. Verdiensten Jesu Christi O.C.D. (Katharina Esser)« in: »Die in deinem Hause wohnen«, hrsg. von Eugen Lense OCist., Einsiedeln und Köln 1938; Nachdruck in ESW, Bd. XII.

Aufsatz: »Ein klösterlicher Reformator – P. Andreas v. hl. Romuald OCD (1819–1883)« in: »Stimmen Unserer Lieben Frau vom Berge Karmel«, 15. Jg., Heft 4, Bamberg 1939. Der Text ist unterzeichnet mit: Schw. Teresia Benedicta a Cruce O.C.D.

Aufsatz: »Ein Gnadenbild und seine Heimstätte« in: »Die katholische Frau«, 10. Jg., Oktober, Köln 1937, unterzeichnet: S. T. B.

Vermutlich 1937 sind entstanden: »Beiträge zur Kölner Ordenschronik«, Auszüge und/oder Übersetzungen aus ausgeliehenen Klosterchroniken verschiedener Karmel. Ferner Fragmente aus der Chronik des Karmels von Paarlo; außerdem eine Übersetzung aus der Bullensammlung des Karmels (Bullarium Carmelitanum, IV. Teil, Nr. 37). Diese Handschriften befinden sich im Archiv des Kölner Karmels. Das Provinzarchiv unserer Mitbrüder besitzt eine mehrseitige Handschrift Edith Steins mit einer für den Verlag Borgmeier in Breslau bestimmten Zusammenstellung ihrer Schriften.

Festspiel zum Ordensjubiläum einer Mitschwester, 11 S. Hs., zum 2. 10. 1938.

Abhandlung: »Sancta discretio«, 8 S. Hs. zum 15. 10. 1938. Erstdruck in: »Anima«, 11. Jg., Heft 4, Fribourg 1947. Nachdruck in Bd. XII von ESW.

Memoiren: »Wie ich in den Kölner Karmel kam«, geschrieben für die Priorin Teresia Renata Posselt zum Abschied von Köln am 31. 12. 1938; 42 Seiten Hs. befinden sich im Kölner Karmel.

Missa in honorem B.M.V. Reginae Pacis und Officium in festivitate B.M.V. Regina Pacis, zusammengestellt Lat.-Deutsch, 32 Seiten Hs., im Frühjahr 1940. Vermutlich in Köln um 1937 erfolgte eine Neufassung von Tagzeiten der Allerseligsten Jungfrau Maria, Königin des Friedens, aus dem frühen 18. Jh., 16 S. Hs.

Abhandlung: »Ein auserwähltes Gefäß der göttlichen Weisheit – Marie-Aimée de Jésus OCD. Verfaßt für einen nichterschienenen Sammelband; Widmung für Mutter Ottilia, Echt 1939).

Übersetzung aus dem Lateinischen«: Thomas von Aquin, Das Gelübde (Summa theol. II/II, 88); aus dem Lateinischen übersetzte Gebete zu einer Jubiläumsfeier, zus. 19 S. Hs., geschr. in Echt 1940.

Übers. aus dem Lateinischen: Bonaventura, Die fünf Feste der Kindheit Jesu. Geschr. in Echt, um 1940.

Studie: »Wege der Gotteserkenntnis – die symbolische Theologie des Areopagiten und ihre sachlichen Voraussetzungen«, Sommer 1941 in Echt geschr. für die Zeitschrift »Philosophy and phenomenological Research« Buffalo/USA. Erstdruck jedoch in: »The Tho-

mist« Nr. 3 of Vol. IX, July 1946; ins Engl. übers. von Rudolf Allers. Nachdruck in ESW, Bd. XV.

Studie über Johannes v. Kreuz; »Kreuzeswissenschaft«, verfaßt von Anfang November 1940 bis zum Tag der Verhaftung am 2. 8. 1942, unvollendet. Druck in ESW, Bd. I, 1983 (3. Aufl.).

Übersetzung aus dem Lateinischen: »Die sogenannte Judenfrage im Licht der Hl. Schrift« aus: Gustav Closen SJ in: »Verbum Domini«, Vol. 19. Juni 1939. Unveröffentlicht.

Im Echter Karmel hat Edith Stein zwischen 1939 und 1942 mehrere Festspiele für häusliche Feste verfaßt, außerdem Ansprachen zu den Tagen der Gelübdeerneuerung und zur Profeß. Auch zwei Nachrufe auf verstorbene Schwestern sind von ihr geschrieben (Sr. Gertrudis Erzberger und Sr. Agnes Sterger).

Sowohl in Köln wie in Echt verfaßte Edith Stein einige Gedichte oder Lieder, zudem sehr viele Briefe an Verwandte oder Freunde des Hauses.

Benutzte Literatur

Edith Steins Werke (ESW)

Bd. I. Kreuzeswissenschaft. Studie über Joannes a Cruce, hrsg. von Dr. L. Gelber und P. Fr. Romaeus Leuven OCD. Druten und Freiburg – Basel – Wien, 3. Aufl. 1983.

Bd. II. Endliches und ewiges Sein. Versuch eines Aufstiegs zum Sinn des Seins, hrsg. von Dr. L. Gelber und P. Fr. Romaeus Leuven OCD. Freiburg – Basel – Wien, 3. Aufl. 1986.

Bd. V. Die Frau. Ihre Aufgabe nach Natur und Gnade. Louvain und Freiburg 1959.

Bd. VI. Welt und Person. Beitrag zum christlichen Wahrheitsstreben. Louvain und Freiburg 1962.

Bd. VII. Aus dem Leben einer jüdischen Familie. Das Leben Edith Steins: Kindheit und Jugend, hrsg. von Dr. L. Gelber und P. Fr. Romaeus Leuven OCD. Druten und Freiburg – Basel – Wien, vollst. Ausgabe 1985.

Bd. VIII. Selbstbildnis in Briefen. Erster Teil 1916–1934, hrsg. von Dr. L. Gelber und P. Fr. Romaeus Leuven OCD. Druten und Freiburg – Basel – Wien 1976.

Bd. IX. Selbstbildnis in Briefen. Zweiter Teil 1934–1942, hrsg. von Dr. L. Gelber und P. Fr. Romaeus Leuven OCD. Druten und Freiburg – Basel – Wien 1977.

Bd. X. Heil im Unheil. Das Leben Edith Steins: Reife und Vollendung, von P. Fr. Romaeus Leuven OCD. Druten und Freiburg – Basel – Wien 1983.

Bd. XI. Verborgenes Leben. Hagiographische Essays, Meditationen, geistliche Texte, hrsg. von Dr. L. Gelber und Michael Linssen OCD. Druten und Freiburg – Basel – Wien 1987.

Bd. XII. Ganzheitliches Leben. Schriften zur religiösen Bildung, hrsg. von Lucy Gelber und Michael Linssen OCD. Freiburg – Basel – Wien 1990.

Bd. XIV. Briefe an Roman Ingarden, hrsg. von Lucy Gelber und Michael Linssen OCD. Einl. v. Hanna-Barbara Gerl, Anmerk. v. Maria Amata Neyer OCD. Freiburg – Basel – Wien 1991.

Bd. XV. Erkenntnis und Glaube, hrsg. von Lucy Gelber und Michael Linssen OCD, Freiburg – Basel – Wien 1993.

Bd. XVI. Der Aufbau der menschlichen Person, hrsg. von Lucy Gelber und Michael Linssen OCD, Freiburg – Basel – Wien 1994.

Weitere Literatur

Teresia Renata de Spiritu Sancto (Posselt) OCD, Edith Stein – eine große Frau unseres Jahrhunderts, Nürnberg, 7. Aufl., 1954.

Dr. J. Presser, Ondergang. De vervolging en verdelging van het nederlandse jodendom 1940–1945. 2 Bde. 's-Gravenhage 1965.

A. J. van der Leeuw, Die Deportation der römisch-katholischen Juden aus den Niederlanden im Monat August 1942, in: Rijksinstituut voor Oorlogsdocumentatie, Notities voor geschiedswerk nr. 136, Amsterdam 1966.

J. Warsage (Johanna van Weersth OCD), Als een brandende Toorts. Privatdruck, Echt/NL 1967.

Robert M. W. Kempner, Edith Stein und Anne Frank – Zwei aus Hunderttausend. Herder-Bücherei Nr. 308, Freiburg – Basel – Wien 1968.

Franz Heiduk, Edith Steins Begegnung mit dem Stadtdekan von Breslau, in: Schlesien, Zeitschrift für Kunst – Wissenschaft – Volkskunde, Jg. XXXIII, Sonderheft III/1988.

Hans-Jürgen Döscher, »Reichskristallnacht« – die Novemberpogrome 1938. Ullstein-Buch Nr. 33135 (Zeitgeschichte), Frankfurt/M. – Berlin, korrig. Ausgabe 1980.

Julius H. Schoeps (Hrsg.), Neues Lexikon des Judentums. Redaktion des Salomon-Ludwig-Steinheim-Instituts, Gütersloh – München 1992.

Für Auskünfte und Dokumente bin ich zu Dank verpflichtet:

Klosterarchive der Unbeschuhten Karmelitinnen von Beek und Echt/Niederlande.

Provinzarchiv der Unbeschuhten Karmeliten, München und Würzburg.

Provinzarchive der Schwestern Unserer Lieben Frau von Grefrath-Mülhausen und Coesfeld.

Provinzarchiv der Missionsschwestern vom Hlst. Herzen Jesu in Hiltrup.

Archiv der Sächsischen Franziskanerprovinz, Werl.

Archive der Benediktinerabteien von Beuron, Maria Laach und Trier.

Klosterarchive der Ursulinen von Bielefeld und Dorsten.

Archiv des Vereins katholischer deutscher Lehrerinnen, Essen.

Archiv des Katholischen Deutschen Frauenbundes, Köln.

Historisches Archiv des Erzbistums Köln.

Historisches Archiv der Stadt Köln, Severinstraße, und NS-Dokumentationszentrum Appellhofplatz.

Archiv des Instituts für Zeitgeschichte, München.

Kommission für Zeitgeschichte, Forschungsstelle Bonn.

Salomon-Ludwig-Steinheim-Institut für deutsch-jüdische Geschichte, Duisburg.

Rijksinstituut voor Oorlogsdocumentatie, Amsterdam.

joods historisch museum, Amsterdam.

Berlin Document Center, Berlin, Wasserkäfersteig.

Für das nicht mehr bestehende Deutsche Institut für wissenschaftliche Pädagogik: Dr. Otto Kreis, Münster.

Den Angehörigen Edith Steins und vielen Freunden des Kölner Karmels bin ich für die Überlassung von Fotos und für unermüdliche Auskünfte sehr dankbar.

Der Großteil der Abbildungen dieses Buches entstammt den Beständen des Edith-Stein-Archivs im Karmel »Maria vom Frieden«, Köln.

Die Zitate aus den Schriften Edith Steins sind an Ort und Stelle ausgewiesen; die römischen Zahlen bezeichnen den Band in der Reihe ihrer Werke, die arabischen die Seitenzahl, bei den Briefbänden jedoch die Nummer des Briefes. Alle anderen Kennzeichnungen sind Signaturen des Edith-Stein-Archivs, Karmel Köln.

Zum 60. Jahrestag der Einkleidung Edith Steins/Teresia Benedictas a Cruce, dem 15. April 1994, widme ich dieses Buch den Schwestern des Kölner Karmels: den verstorbenen, den lebenden und den kommenden.

Maria Amata Neyer